(주)지아이에듀테크 오상열 저

쉽게 배우고

생활에 바로 쓰는

다양한
문서
만들기

Education by Sympathy

쉽게 배우고 생활에 바로 쓰는
다양한 문서 만들기

초판 1쇄 인쇄 2024년 8월 01일
초판 1쇄 발행 2024년 8월 10일

지은이 (주)지아이에듀테크 오상열
펴낸이 한준희
펴낸곳 (주)아이콕스

디자인 프롬디자인
영업 김남권, 조용훈, 문성빈
경영지원 김효선, 이정민

Education by Sympathy

주소 경기도 부천시 조마루로 385번길 122 삼보테크노타워 2002호
홈페이지 www.icoxpublish.com
쇼핑몰 www.baek2.kr (백두도서쇼핑몰)
이메일 icoxpub@naver.com
전화 032-674-5685
팩스 032-676-5685
등록 2015년 7월 9일 제 386-251002015000034호
ISBN 979-11-6426-248-9 (13000)

36년째 컴퓨터와 스마트폰 강의를 하면서 늘 고민합니다. "더 간단하고 쉽게 교육할 수는 없을까? 더 빠르게 마음대로 사용하게 할 수는 없을까?" 스마트폰에 대한 지식이 없으며 한글도 영어도 모르는 서너 살 아이가 컴퓨터와 스마트폰을 사용하는 것을 보고 어른들은 감탄합니다.

무엇을 배울 때 노트에 연필로 적어가며 공부하던 아날로그적 방식으로 첨단 기기를 배우는 것보다, 어린 아이들처럼 직접 사용해 보면서 경험적으로 습득하는 것이 가장 빠른 배움의 방식입니다. 본 도서는 저의 다년간 현장 교육의 경험을 살려 꼭 필요한 방식으로 쉽게 접근할 수 있도록 했으며, 책만 보고 무작정 따라하다 발생할 수 있는 실수와 오류를 바로잡았습니다. 컴퓨터를 활용하는 데 꼭 필요한 핵심 내용을 중심으로 집필했기 때문에 예제를 반복해서 학습하다 보면 어느새 원리를 이해하고 활용할 수 있는 단계에 오르게 될 것입니다.

쉽게 배우고 생활에 바로 쓸 수 있게 집필된 본 도서로 여러분들의 능력이 향상되기를 바랍니다. 물론 본 도서는 여러분의 컴퓨터 능력을 향상시킬 수 있는 수많은 방법 중 한 가지라는 말씀도 드리고 싶습니다.

교육 현장에서 늘 하는 말이 있습니다.
"컴퓨터는 종이다. 종이는 기록하기 위함이다."
"단순하게, 무식하게, 지겹도록, 반복하세요. 단. 무. 지. 반! 하십시오."
처음부터 완벽하지는 않겠지만 차근차근 익히다 보면 어느새 만족할 만한 수준의 사용자로 우뚝 서게 될 것입니다.

끝으로 이 책이 나올 수 있도록 도움을 주신 지아이에듀테크, ㈜아이콕스의임직원 여러분들께 감사의 마음을 전합니다.

㈜지아이에듀테크 오상열

QR 코드 사용법

★ 각 CHAPTER 마다 동영상으로 더 쉽게 학습할 수 있도록 QR 코드를 담았습니다.
QR 코드로 학습 동영상을 시청하는 방법은 다음과 같습니다.

01 Play스토어에서 네이버 앱을 ❶**설치**한 후 ❷**열기**를 누릅니다.

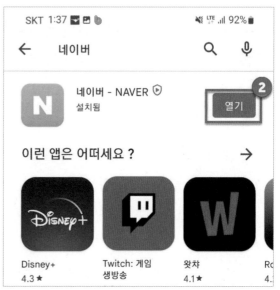

02 네이버 앱이 실행되면 검색상자의 ❸**동그라미(그린닷)** 버튼을 누른 후 ❹**QR바코드** 메뉴를 선택합니다.

03 본 도서에서는 **Chapter**별로 상단 제목 왼쪽에 **❺QR 코드**가 있습니다. 스마트폰의 화면에 QR 코드를 사각형 영역에 맞춰 보이도록 하면 QR 코드가 인식되고, 상단에 동영상 강의 링크 주소가 나타납니다. **❻동영상 강의 링크 주소**를 눌러 스마트폰으로 학습할 수 있습니다.

※ 유튜브에서 동영상 강의 찾기

유튜브(www.youtube.com)에 접속하거나, **유튜브 앱을 사용하**고 있다면 **지아이에듀테크를** 검색하여 동영상 강의를 들을 수 있습니다. **재생목록 탭을 누르면** 과목별로 강의를 찾아볼 수 있습니다.

목 차

CHAPTER 01

브라우저 알아보기

엣지 브라우저는 윈도우10부터 기본 브라우저로 제공되고 있으며, 구글 크롬, 네이버 웨일, 오페라 브라우저 등은 크로미움(Chromium) 기반으로 제작되어 사용 방법이 매우 비슷합니다.

결과화면 미리보기

무엇을 배울까?

❶ 엣지 브라우저 기본화면 변경하기
❷ 엣지 브라우저로 캡처하기
❸ 구글 크롬 브라우저 설치하기

01 바탕화면이나 작업표시줄의 **엣지** 아이콘을 이용해서 실행합니다.

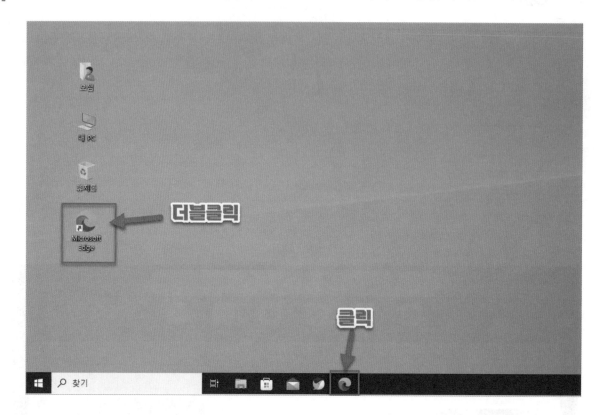

02 레이아웃을 변경하려면 웹 페이지 우측 상단의 **설정(톱니바퀴)**을 클릭합니다.

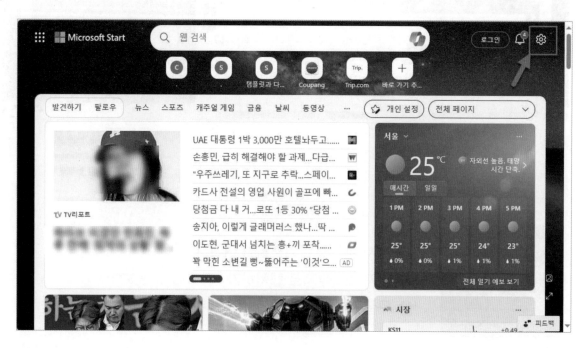

03 페이지 설정 대화상자가 나타나면, ❶**피드 표시하기**에서 **켜기**를 눌러서 **끄기**로
변경합니다. 아래쪽에 있는 ❷**배경**도 **끄기**로 변경하고, ❸**닫기**를 클릭합니다.

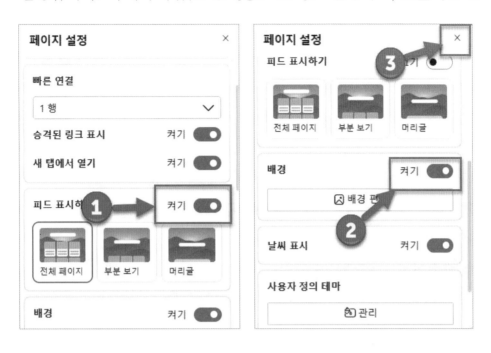

04 **바로 가기 추가**를 클릭한 후 네이버와 구글 사이트를 추가하겠습니다. 그림의 아
래에 있는 바로 가기 종류는 다르게 보일 수 있습니다.

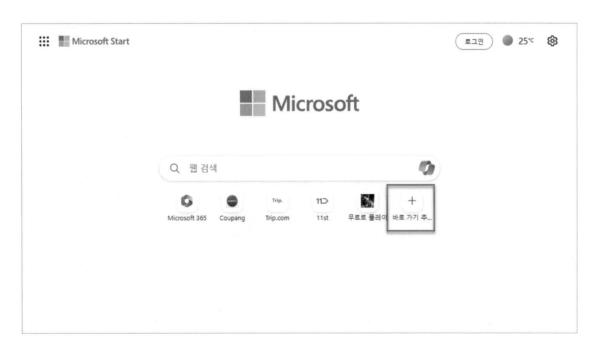

05 이름에는 ❶**"네이버"**, URL에는 ❷**"https:// naver.com"**을 입력한 후 ❸**추가**를 클릭합니다.

06 **바로 가기 추가**를 클릭해서, 이름에는 ❶**"구글"**, URL에는 ❷**"https://google.com"**을 입력한 후 ❸**추가**를 클릭합니다.

07 필요 없는 바로 가기를 제거하기 위해 ❶**...(기타 옵션)**을 누른 후 ❷**제거**를 클릭합니다.

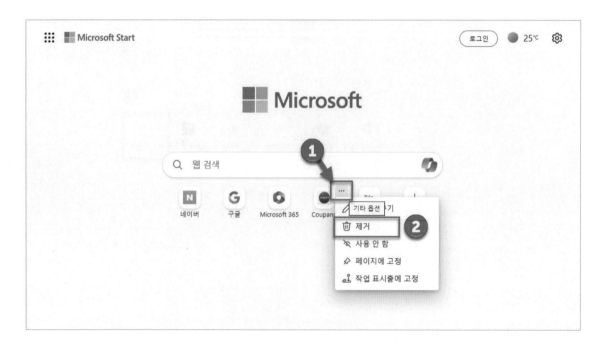

08 제거가 되면 아래와 같이 메시지 상자가 나오는데, 잘못 지웠을 경우에는 **실행 취소**를 클릭하면 다시 되돌리기가 됩니다. **닫기(X)** 버튼을 클릭해서 메시지 상자를 닫아줍니다(시간이 지나면 메시지 상자는 자동으로 사라집니다).

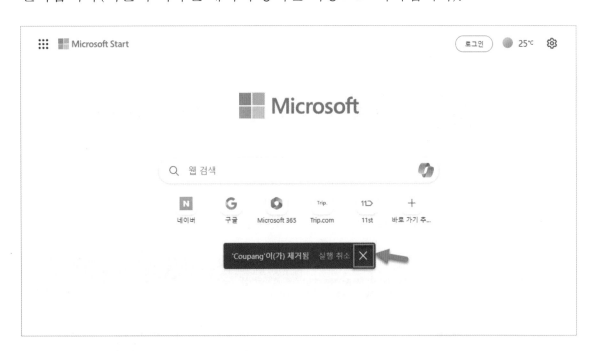

STEP 2 > 엣지 브라우저로 캡처하기

01 엣지 브라우저에서 바로 가기에 있는 **네이버**를 클릭합니다.

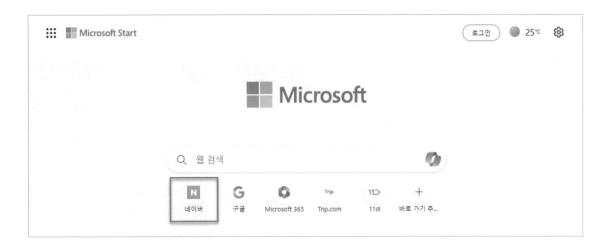

02 네이버 사이트가 열리면 **블로그**를 클릭합니다.

03 검색 상자에 **"제주갈치"**를 입력한 후 [Enter]를 누릅니다.

04 검색된 결과에서 아래와 같은 **제목을 클릭**합니다. 시간이 지나서 찾기 어려우면 포스팅된 날짜를 확인하세요(2024년 4월 19일).

05 ❶기간 전체를 클릭한 후 **기간 입력** 칸에 찾고자 하는 시작 날짜인 ❷2024-04-19
와 마지막 날짜인 **2024-04-19**를 입력하고 ❸**적용**을 클릭합니다.

06 해당 게시글에는 마우스 오른쪽을 누를 수 없도록 제한을 걸어둔 것입니다. 그
림을 저장하기 위해서는 브라우저 ❶**기타 옵션**을 클릭한 후 ❷**스크린샷**을 클릭
합니다.

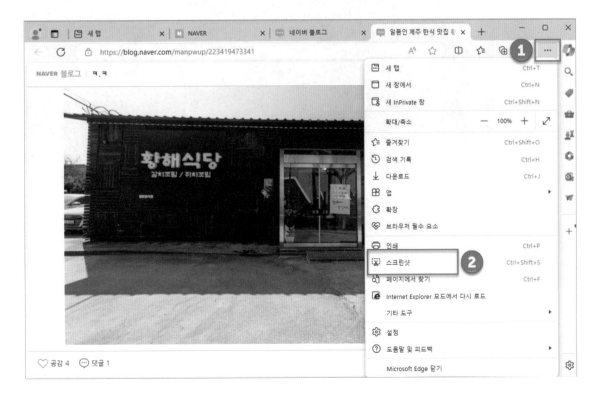

07 화면의 일부를 캡처하도록 **캡처 영역**이 눌러져 있습니다.

08 캡처하고자 하는 영역을 아래처럼 **드래그&드롭**을 합니다.

09 마우스를 떼면 하단에 복사할 것이지, 저장할 것인지 묻는 상자가 표시됩니다. 복사를 누르면 붙이기를 해서 사용할 수 있고, 저장을 누르면 다음에도 다시 활용할 수 있게 됩니다. 여기서는 저장을 클릭해서 어디에 **저장**되었는지 확인하도록 하겠습니다.

10 캡처해서 저장하는 것도 다운로드하는 것이므로, 브라우저의 도구모음에서 ❶**다운로드**를 클릭한 후, ❷**폴더 열기**를 클릭합니다.

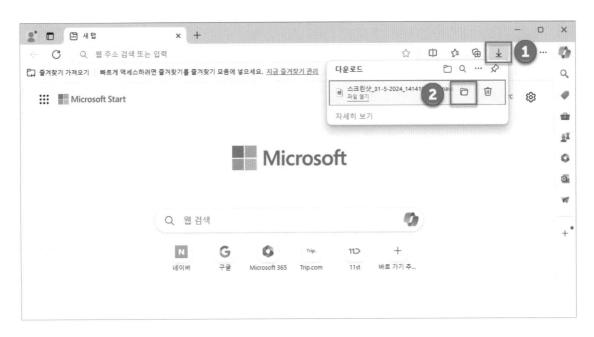

11 다운로드 폴더를 특별히 변경하지 않는 경우에는 아래와 같이 **다운로드 라이브러리**에 저장이 되어 있는 것을 확인할 수 있습니다.

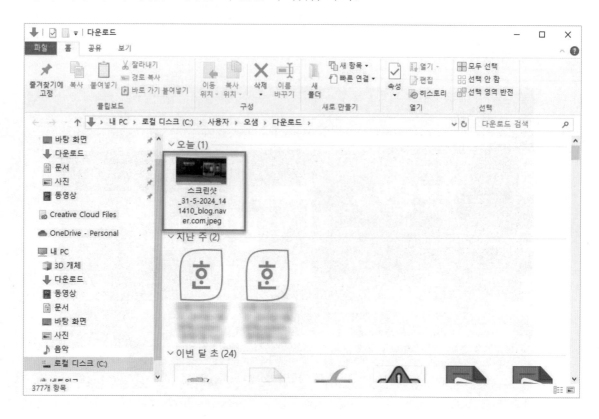

01 엣지 브라우저에서 **"크롬 다운로드"**를 입력한 후 Enter 를 누릅니다.

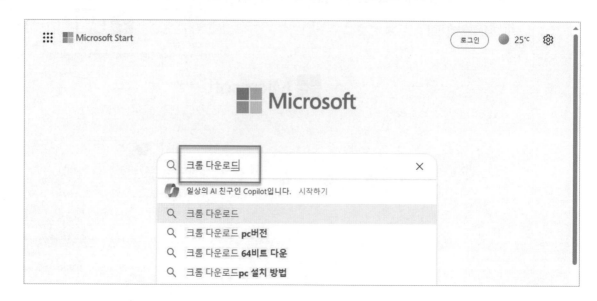

02 검색된 결과가 상황에 따라 다르게 나올 수도 있지만, 보통 가장 위쪽에 '**Chrome 웹브라우저**'라는 검색 결과로 표시될 것입니다. 해당하는 **링크를 클릭**합니다.

03 화면 가운데에 보이는 **Chrome 다운로드**를 클릭합니다. 아래 그림과 같은 화면은 상황에 따라 다르게 보일 수도 있습니다.

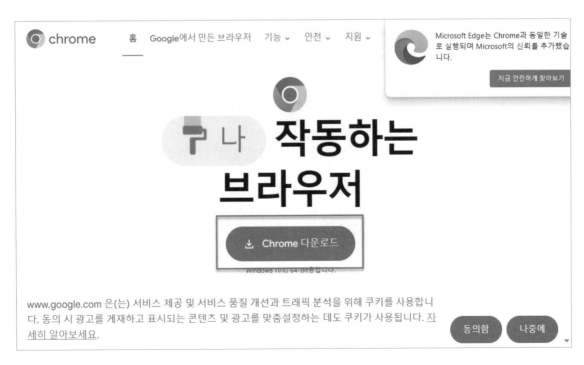

04 다운로드를 받을 수 있는 화면이 나오게 됩니다. 우측 상단에 있는 **Chrome 다운로드**를 클릭합니다. 위치는 때에 따라서 변경이 될 수도 있습니다.

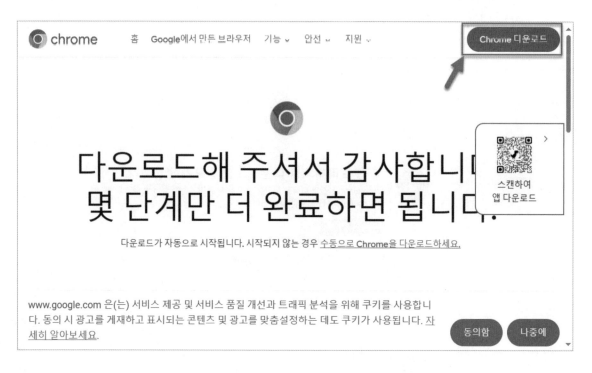

05 구글 서비스 약관에 동의하고 설치를 하는 화면이 나오게 됩니다. 보이는 그대로 **동의 및 설치**를 클릭합니다.

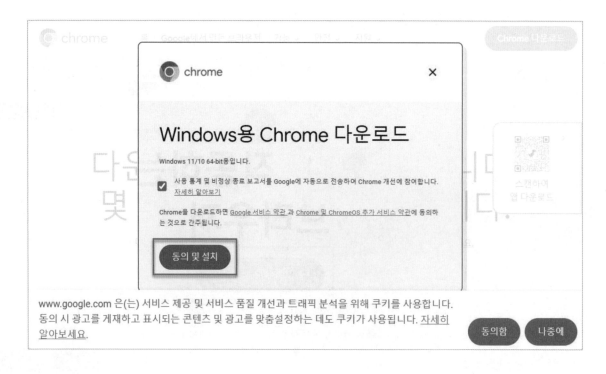

06 설치할 수 있는 파일의 다운로드가 빠르게 진행됩니다. 우측 상단의 다운로드 버튼에 다운로드 완료가 되면 **해당 파일을 클릭**합니다.

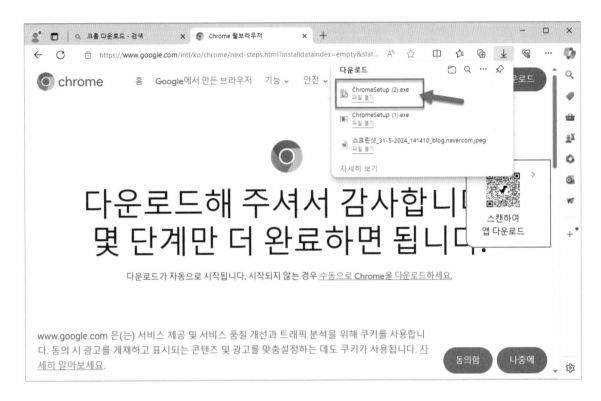

07 화면 가운데에 설치 중이란 메시지 창이 나오는데, 설치되는 시간은 1분 이내에 모두 끝나게 될 것입니다. 아무것도 누르지 말고 기다리면 됩니다.

08 약 1분간의 시간이 지나면 설치가 완료되었다는 메시지 창이 표시됩니다. 여기서 **닫기**를 클릭합니다. 일반적으로 설치가 끝나게 되면 바로 크롬 브라우저 창이 실행되는데, 이미 설치가 되어있는 경우에는 아래와 같이 나오게 될 경우도 있습니다.

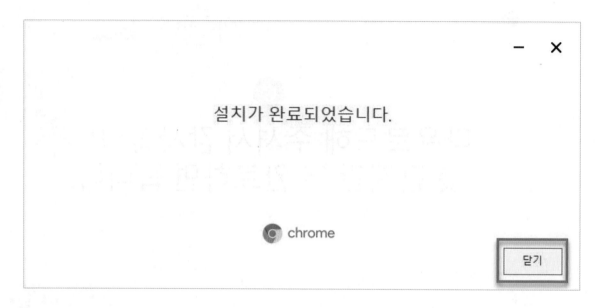

09 크롬 브라우저가 실행되었으면 관계없지만, 실행되지 않고 엣지 화면에 그대로 있다면 엣지 창에서 **창 닫기**를 클릭합니다.

10 바탕화면에 **Google Chrome**이라는 아이콘이 설치된 것을 확인할 수 있습니다. 해당 아이콘을 더블클릭하면 실행할 수 있습니다.

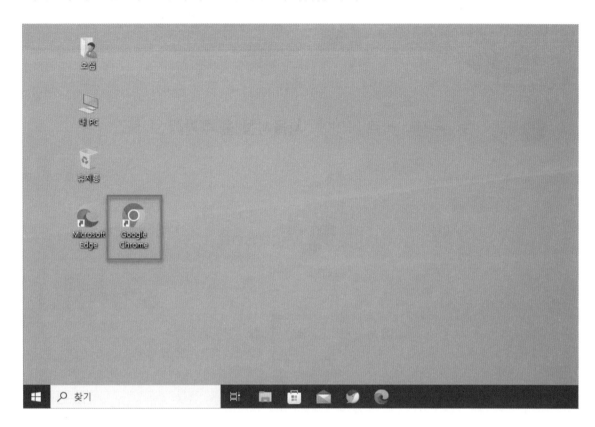

1 엣지 브라우저의 바로 가기에 **"서울시청"**을 추가해 보세요.

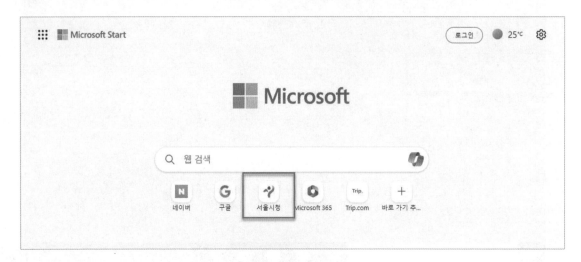

2 네이버 웨일 브라우저를 설치해 보세요.

CHAPTER 02

이미지 사이트 활용하기

문서에 삽입할 이미지를 직접 편집해야 할 경우가 많이 있습니다. 이미지를 편집할 수 있는 별도의 앱을 사용해도 되지만, 간단하고 유용한 웹 사이트를 이용하여 이미지를 편집하고, 배경을 제거하는 사진 요소를 만들 수 있습니다.

🔍 결과화면 미리보기

무엇을 배울까?

❶ 이미지 잘라내기
❷ 이미지 크기 조절하기

❸ 이미지 파일 변환하기
❹ 이미지 배경 투명하게 하기

01 엣지 검색 상자에 **"아이러브이미지"**를 검색해서 해당 사이트로 이동합니다.

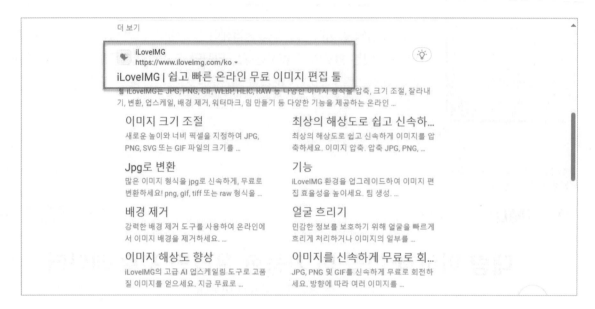

02 한글 버전이 자동으로 나오겠지만, 만약 영어 페이지로 나오면 ❶**메뉴**를 클릭한 후 ❷**Language**에 마우스를 올린 후 ❸**한국어**를 클릭합니다.

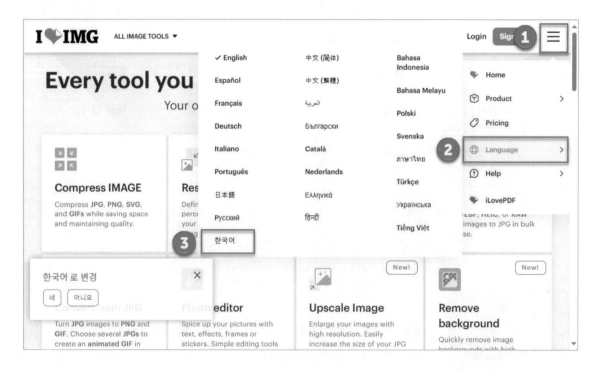

03 이미지 잘라내기를 클릭합니다.

04 **여러 이미지 선택** 버튼을 클릭합니다. 가져올 수 있는 이미지 형식은 JPG, PNG, GIF 등이며, 구글 드라이브나 드롭박스에 저장된 것도 불러와 작업할 수 있습니다.

05 ❶로컬 디스크(C:)▶교재예제 폴더로 이동한 후 ❷잘라내기.jpg 파일을 선택한 다음 ❸열기를 클릭합니다. 만약 예제 파일을 다른 곳에 저장해 놓았다면 해당 폴더로 이동한 후 파일을 엽니다.

06 상단에 광고가 나와도 누르지 말고, ❶조절점을 드래그해서 잘라낼 영역을 정한 후 ❷이미지 잘라내기를 클릭합니다.

07 아래와 같이 **잘라낸 이미지 다운로드**를 클릭합니다. 클릭하지 않아도 자동으로 다운로드가 진행되기도 합니다.

08 계속해서 **뒤로** 버튼을 클릭하면 다시 잘라낼 수 있는 화면이 나오게 됩니다. 동일한 방법으로 나머지 3개를 잘라냅니다.

09 내 PC를 실행하여 **다운로드** 라이브러리에 가면 잘라낸 파일 4개가 잘라내기라는 이름 뒤에 자동으로 번호가 부여된 것이 확인됩니다.

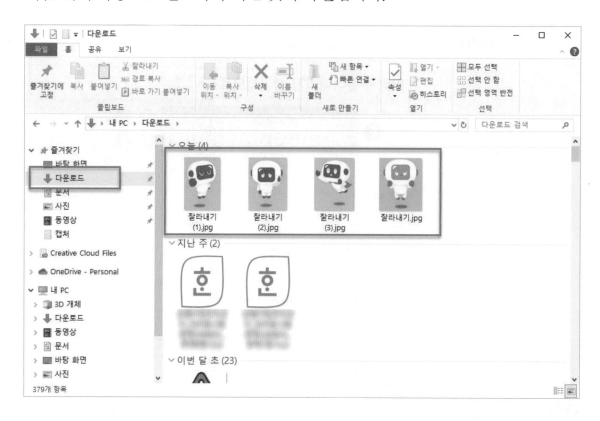

10 작업표시줄에서 **엣지 브라우저**를 클릭해서 좌측 상단의 **아이러브이미지 버튼**을 클릭하면 홈페이지로 이동됩니다.

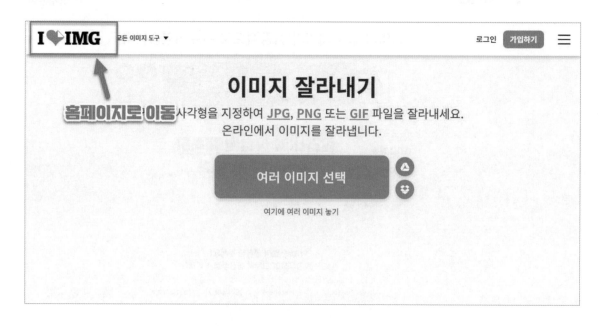

01 아이러브이미지 사이트에서 **이미지 크기 조절**을 클릭합니다.

02 이미지 잘라내기에서는 지원하지 않던 SVG 파일도 크기 조절은 가능합니다. **여러 이미지 선택**을 클릭합니다.

03 ❶로컬 디스크(C:)▶교재예제 폴더의 ❷크기조절.jpg 파일을 선택한 후 ❸열기를 클릭합니다.

04 오른쪽의 너비에 "800"을 입력하면 높이는 자동으로 조절됩니다. **여러 이미지 크 기 조절** 버튼을 클릭합니다(왼쪽의 그림 아래를 보면 변경될 크기가 표시됩니다).

01 엣지 브라우저를 실행한 다음 **"독도"**를 검색한 후 아래와 같은 **나무위키** 링크를 클릭합니다(반드시 **나무위키**를 선택해서 작업을 진행하도록 합니다).

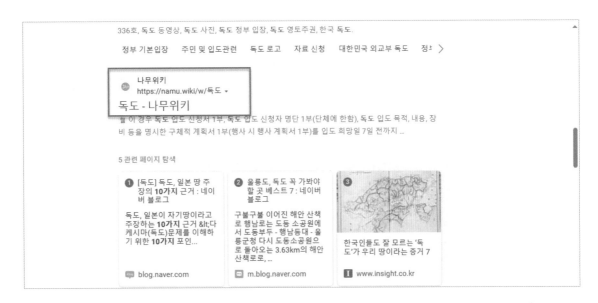

02 아래로 스크롤하면 독도 사진이 보이게 됩니다. ❶**마우스 우클릭**을 누른 후 ❷**다른 이름으로 사진 저장**을 클릭합니다.

03 다른 이름으로 저장하는 대화상자가 열리면, **❶로컬 디스크(C:)▶교재예제** 폴더로 이동한 후 파일이름에 **❷"독도"**를 입력하고 **❸저장** 버튼을 클릭합니다(파일 형식을 잘 봐두세요).

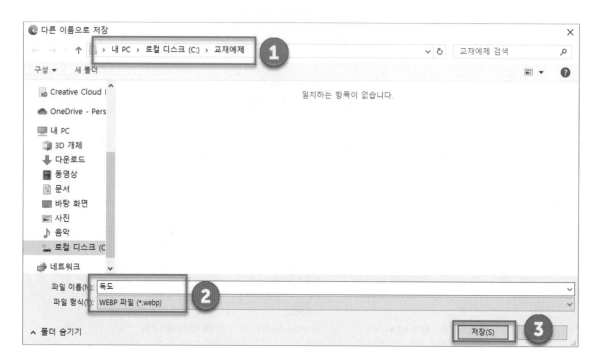

04 엣지 브라우저의 **아이러브이미지** 사이트에서 **JPG로 변환**을 클릭합니다.

05 여러 이미지 선택 버튼을 클릭합니다.

06 ❶로컬 디스크(C:)▶교재예제 폴더로 이동합니다. 앞 과정에서 계속 진행한 것이라면 폴더가 이미 열려있게 됩니다. ❷독도.webp 파일을 선택한 후 ❸열기를 클릭합니다.

07 JPG로 **변환**을 클릭합니다. 변환 시간이 매우 빠릅니다.

08 **변환된 이미지 다운로드** 버튼을 클릭합니다. 내 PC를 실행하여 **다운로드** 라이브 러리로 이동하면 변환된 파일을 확인할 수 있습니다.

01 엣지 브라우저에서 **아이러브이미지** 사이트를 열어준 후 **새 탭**을 클릭합니다.

02 다양한 이미지 검색을 위해 바로 가기로 추가했던 **구글**을 클릭해서 구글 검색 페이지로 이동합니다.

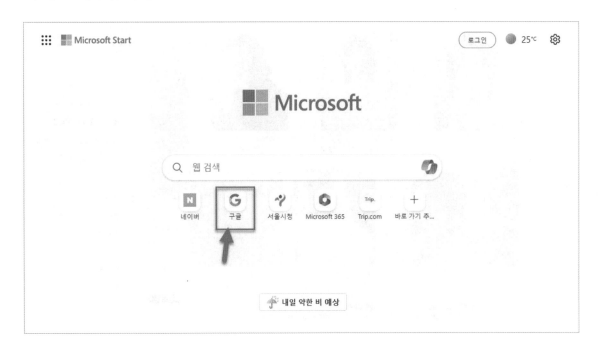

03 검색 상자에 ❶"강혜연"을 입력한 후 ❷이미지를 클릭하면 많은 사진들이 나오게 됩니다. ❸원하는 사진을 클릭합니다.

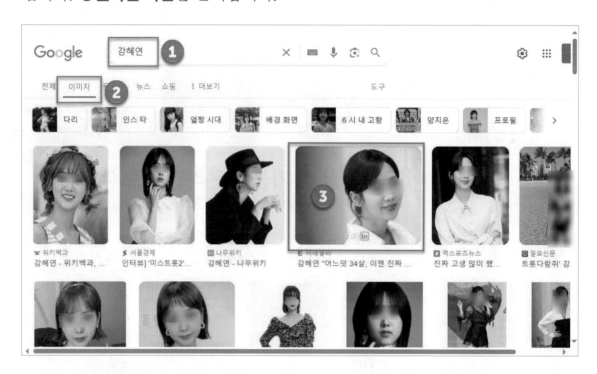

04 클릭하면 오른쪽에 이미지가 큰 사이즈로 보이게 되는데, 여기에 ❶마우스 우클릭을 한 후 ❷다른 이름으로 사진 저장을 클릭합니다.

05 다른 이름으로 저장 대화상자가 열리면 **❶로컬 디스크(C:)▶교재예제** 폴더를 열어준 후 **❷"강혜연"**이라고 입력한 후 **❸저장**을 클릭합니다.

06 다시 엣지 화면으로 돌아오게 되면, 앞쪽 탭에 있는 **iLoveIMG 사이트 탭**을 클릭합니다. 배경을 제거하기 위해서 이동하는 것입니다.

07 **아이러브이미지** 사이트에서 **배경 제거**를 클릭합니다.

08 **여러 이미지 선택** 버튼을 클릭합니다.

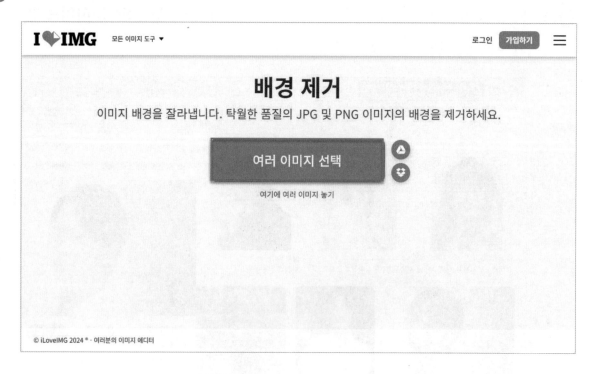

09 열기 대화상자에서 **❶로컬 디스크(C:)▶교재예제** 폴더를 열어준 후 앞에서 저장한 **❷"강혜연"**을 선택한 후 **❸열기**를 클릭합니다.

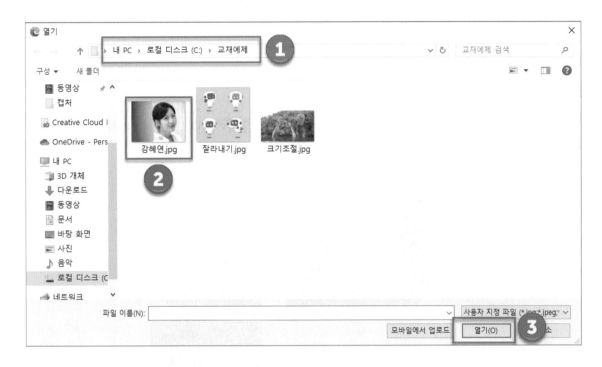

10 배경이 제거된 것과 원래 이미지가 동시에 보이고 있습니다. 체크무늬로 나오는 곳이 배경이 제거된 것을 의미합니다. **배경 제거** 버튼을 클릭하고 잠시 기다리면 자동으로 다운로드가 진행됩니다.

혼자서 연습하기

1 로컬 디스크(C:)▶교재예제 폴더의 '**회전하기.jpg**' 파일을 이미지 회전 기능을 이용하여 다음과 같이 회전시켜 보세요.

2 **워터마크 이미지** 기능을 이용하여 다음과 같이 작업해 보세요.

구글 렌즈로 텍스트 추출하기

이미지에 포함되어 있는 텍스트를 입력할 필요가 있는 경우 키보드로 직접 타이핑한다면 많은 시간을 투자해야 합니다. 화면의 내용을 캡처한 후 렌즈 기능을 이용하여 텍스트로 변환하는 방법을 통해 편리하게 작업할 수 있습니다.

결과화면 미리보기

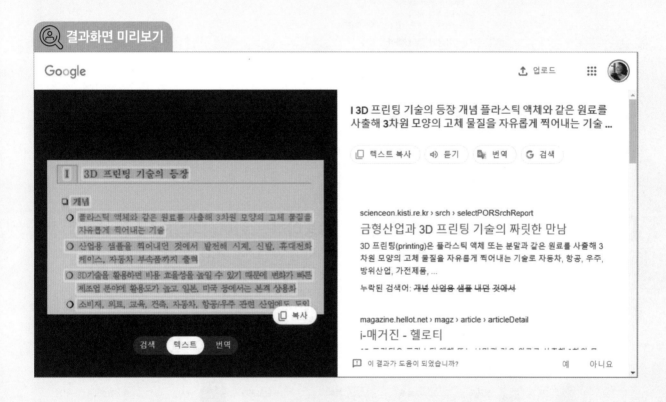

무엇을 배울까?

❶ 화면 캡처해서 텍스트 추출하기
❷ 번역한 후 텍스트 추출하기

01 **구글 크롬** 브라우저를 실행한 후, **"이육사 광야"**를 검색합니다.

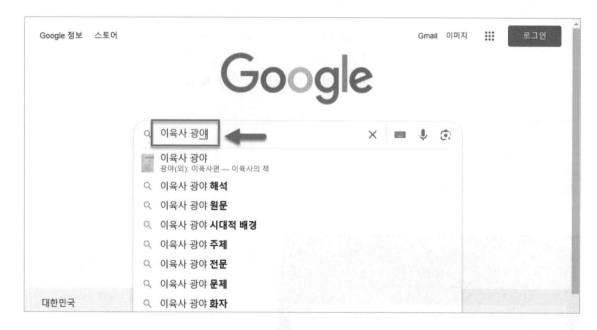

02 검색 결과에서 ❶이미지를 클릭한 후 ❷광야라는 이미지의 글제목을 클릭합니다 (검색 결과 위치는 시기에 따라 다를 수 있으므로 잘 찾아서 선택합니다).

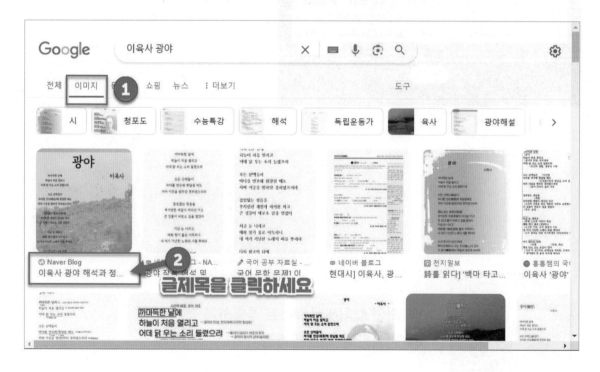

03 마우스 우클릭으로 이미지를 저장하면 되겠지만, 여기서는 금지되어 있는 상황 입니다. 이럴 때는 ⊞ + Shift + S 를 눌러서 캡처하기 방법을 사용합니다.

04 아래처럼 글자의 첫 부분에서 마지막까지 **드래그**를 해서 범위를 지정하면 해당 영 역이 캡처됩니다.

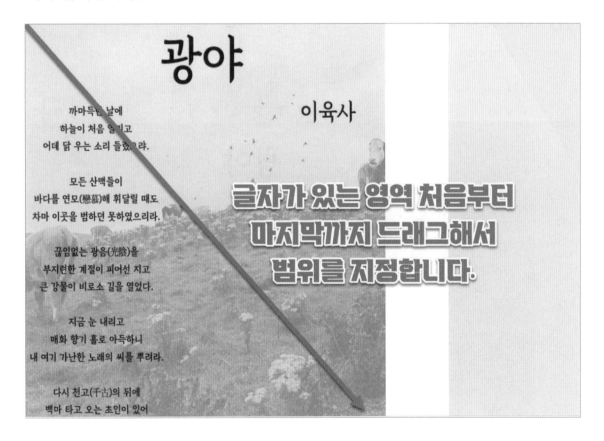

05 우측 하단에 캡처한 영역이 클립보드에 저장되었다는 메시지 창이 나오면 마우스를 이동해서 **메시지 창을 클릭**합니다.

06 **캡처 및 스케치** 창이 열리면 우측 상단의 **저장** 버튼을 클릭해서 이미지 파일을 저장합니다.

07 다른 이름으로 저장 대화상자가 나오면 ❶다운로드를 클릭한 후 ❷"광야"를 입력한 다음 ❸저장 버튼을 클릭합니다.

08 다시 캡처 및 스케치 창이 나오면 캡처한 후 저장 작업까지 끝났습니다. 이제 창을 닫아줍니다.

09 크롬 브라우저의 상단에서 **새 탭**을 클릭합니다.

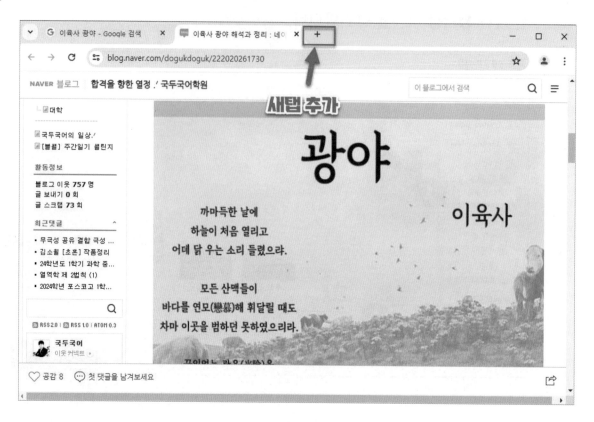

10 구글 새 탭 또는 구글 검색 페이지가 열리게 되는데 여기에서 아래처럼 **구글 렌즈** 아이콘을 클릭합니다.

11 렌즈로 이미지 검색이라는 창이 열리면 **파일을 업로드하세요**를 클릭합니다.

12 캡처 후 이미지 파일로 저장했던 장소로 이동합니다. 여기서는 ❶**다운로드**에서 ❷**광야** 파일을 선택한 후 ❸**열기** 버튼을 클릭합니다.

13 구글 렌즈가 이미지에서 텍스트만 아래처럼 표시해서 검색을 시도하여 오른쪽 창을 검색하게 됩니다. 여기서는 텍스트를 추출하기 위해서 **텍스트**를 클릭합니다.

14 오른쪽에 표시된 **모든 텍스트 선택**을 클릭합니다. 복사하기 전에 원하는 글자들을 블록으로 설정하는 작업입니다.

15 텍스트로 변환되었으며 왼쪽 창에 있는 **복사**, 오른쪽 창에 있는 **텍스트 복사** 중 하나를 클릭합니다.

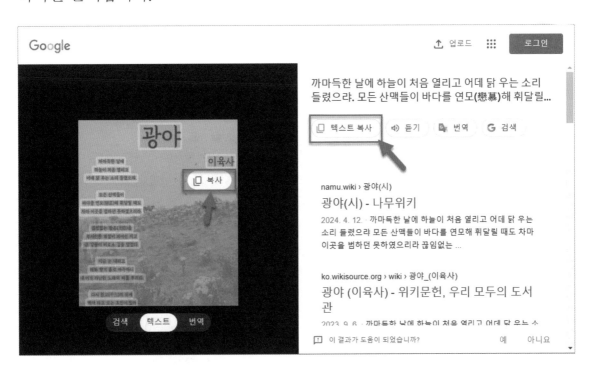

16 바탕화면에서 한글 워드프로세서를 실행한 후, Ctrl + V 를 눌러서 복사한 내용을 붙여넣기합니다.

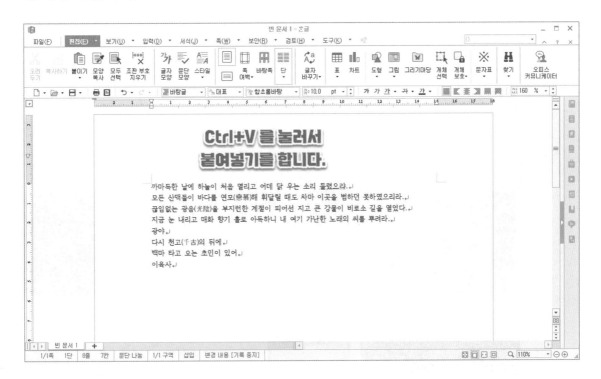

01 구글 크롬 브라우저를 실행한 후 ❶"**윤동주 서시**"를 검색한 다음 ❷**이미지**를 클릭합니다.

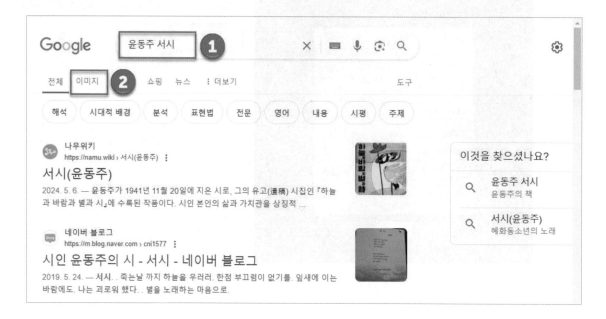

02 다양한 이미지에 사용된 **윤동주 서시** 중 하나를 클릭합니다. 아래와 똑같은 것을 찾기 힘들다면 글자가 선명한 다른 것을 클릭해도 됩니다.

03 오른쪽에 크게 나온 이미지에 ❶마우스 우클릭을 한 후 ❷이미지 복사를 선택합니다.

04 검색 상자의 오른쪽에 있는 **구글 렌즈** 아이콘을 클릭합니다.

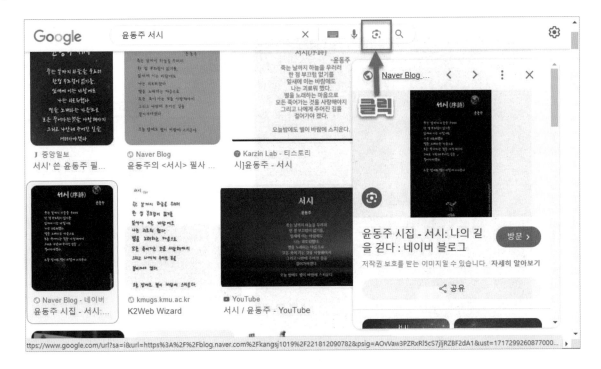

05 이미지 링크 상자에서 **❶마우스 우클릭**을 한 후 **❷붙여넣기**를 클릭하거나, Ctrl +V를 눌러서 복사한 이미지를 붙여넣기합니다.

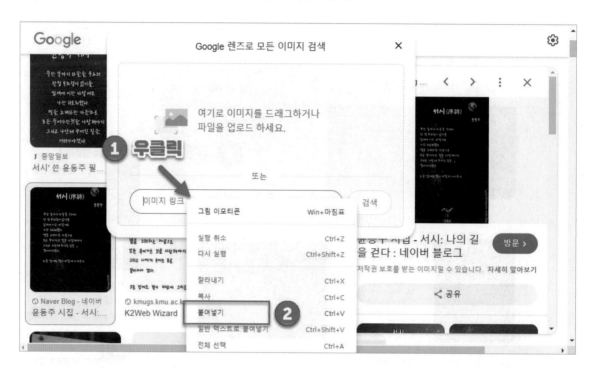

06 이미지 소스 찾기 창에 텍스트만 블록이 설정되어 있습니다. 하단의 **텍스트** 버튼을 클릭합니다.

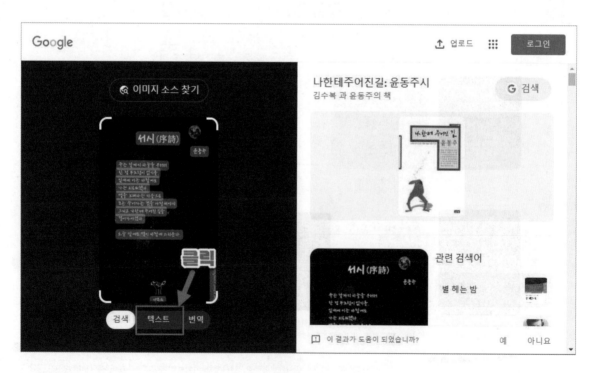

07 오른쪽 창에 **모든 텍스트 선택** 버튼을 클릭합니다. 텍스트 내용을 기반으로 검색 창을 보게 될 것입니다.

08 외국어로 번역을 해서 복사하고자 합니다. 오른쪽 결과에서 **번역**을 클릭합니다.

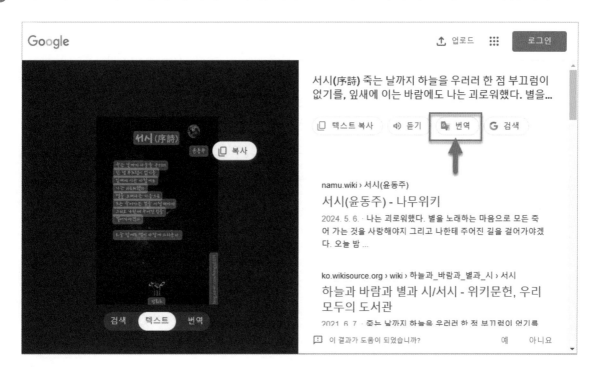

09 왼쪽은 한국어로 표시되며, 오른쪽에서 **❶영어**를 선택합니다. 오른쪽이 번역결과 창이 됩니다. 불필요한 글자는 **❷블록을 지정한 후 삭제**합니다.

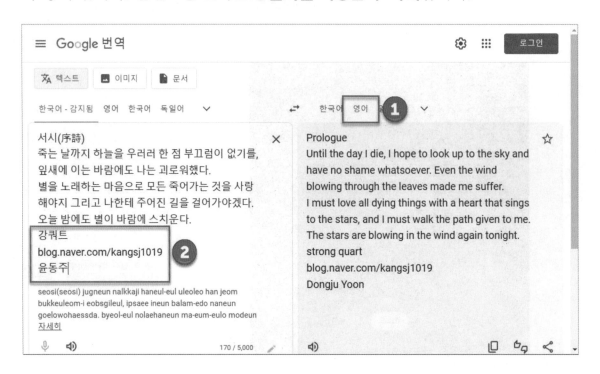

10 오른쪽 번역결과 창에서 하단의 **번역 복사** 버튼을 클릭합니다. 종이 2장이 겹쳐 있는 모양의 아이콘은 복사를 의미합니다.

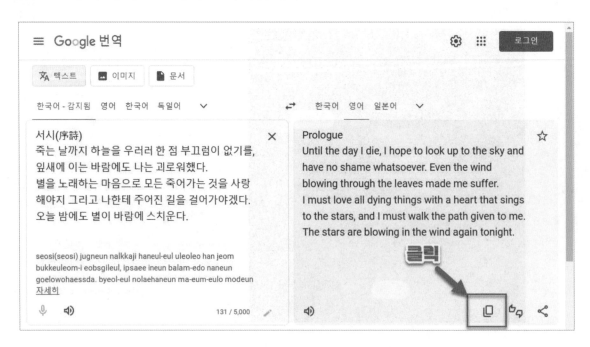

11 한글 워드프로세서를 실행한 후, 붙여넣기를 해 줍니다.

12 크롬 브라우저를 다시 작업표시줄에서 클릭해서, 중간에 있는 **❶언어 전환**을 클릭해서 교체한 다음 한글 영역도 **❷복사**를 합니다. 그리고 한글 워드프로세서에 다시 **붙여넣기**를 해줍니다.

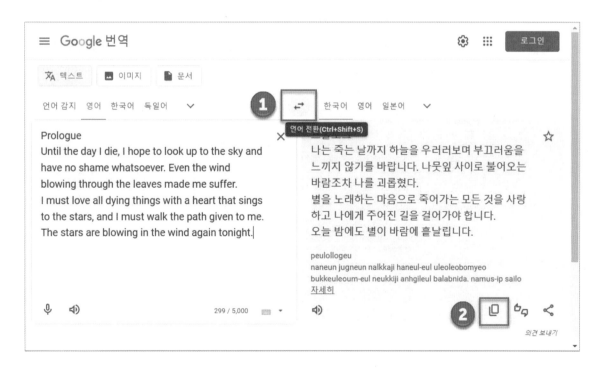

1 구글 크롬에서 **"인공지능 논문"**을 이미지 검색한 후, **구글 렌즈** 기능으로 텍스트를 복사해서 한글 워드프로세서에 붙여넣기해 보세요.

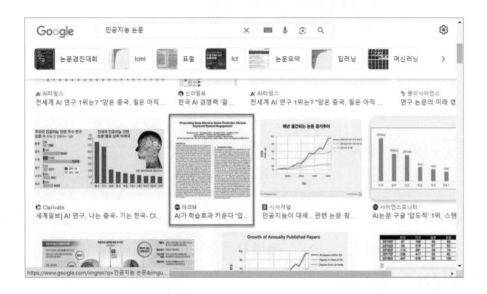

2 위의 **"인공지능 논문"**을 **한글, 일본어** 등으로 각각 **번역**한 후 한글워드프로세서에 붙여넣기해 보세요.

③ 구글 앱에서 번역 기능을 활용하여, **"북극의 눈물"**을 일본어로 번역하고 복사해서 구글 검색 상자에 붙여넣기를 한 다음 아래와 같이 일본에서 올린 이미지를 검색해 보세요.

④ 앞에서 검색한 이미지를 클릭해서 아래와 같이 **구글 렌즈**로 **유사 이미지**를 찾아 보세요.

한글로 안내문 만들기

한글 워드프로세서를 이용하여 문서 편집을 할 때 많이 사용하는 주요 기능을 익혀 보겠습니다. 여기에서는 글자와 도형 및 그림 등을 삽입해서 회원 모집 안내문을 만들어 보겠습니다.

🔍 **결과화면 미리보기**

청년과미래 하반기 회원 모집

2024년 하반기 청년과미래 회원을 모집합니다!
여러분의 동행을 희망합니다!

※ 신청기간: 2024년 10월 9일까지(문의: 02-345-5678)

활동 내용	• 기본 : 25개 시도 지부 소속으로 활동 • 자유 : 청년과미래 부서 중 1개 분야 선택하여 활동 : 청년정책연구소, 일자리본부, 문화콘텐츠 사업본부, 인터넷언론, 청년친화헌정대상, 대학생국회, 청소년사업본부 등
신청절차	• 홈페이지(www.ynf.or.kr)의 회원신청 탭에서 신청 회원 가독방 조회
활동혜택	• 청년과미래 하반기 사업에 대한 우선 참여 기회 제공 • 성실 활동자 : 국내외 취업, 유학, 진학 시 추천서 발급과 표창장 수여(국회의원 명의) 장학금 지급, 해외탐방 프로그램 제공(내년 2월, 중국과 일본) 대한민국 인재대상 등 추천서 • 자원봉사시간 제공(1365)
패널티	• 품위 훼손을 하는 경우 자격 상실

무엇을 배울까?

❶ 여백 설정하기
❷ 글상자 작업하기
❸ 셀 배경 그림 넣기

❹ 글자모양/문단모양/
문자표/글머리표
❺ 셀 테두리 꾸미기

청년과미래 하반기 회원 모집

2024년 하반기 청년과미래 회원을 모집합니다!
여러분의 동행을 희망합니다!

※ 신청기간: 2024년 10월 9일까지(문의: 02-345-5678)

활동 내용	• 기본 : 25개 시도 지부 소속으로 활동 • 자유 : 청년과미래 부서 중 1개 분야 선택하여 활동 　: 청년정책연구소, 일자리본부, 문화콘텐츠 사업본부, 인터넷언론, 청년친화헌정대상, 　　대학생국회, 청소년사업본부 등 　: 기획조정실, 홍보전략실, 정책개발실, 대외협력실, 조직관리실, 언론소통실 등
하반기 사업계획	• 예비언론인 최고위과정(한국인터넷신문협회와 공동주최) • 대학생리더십아카데미(부산시청 국제회의장, 서울 국회의원회관) • 제2회 해외탐방(중국, 일본) • 제1회 대한민국 청년스피치대회 • 인터넷 언론 미디어라인과 청년기자단 운영 • 청년정책연구소 - 통일·외교안보에 대한 의식 조사 연구 등 • 제3회 대한민국 청년의 날 조직위원회 운영 • 2024 청년친화헌정대상 선정위원회 운영
구분	• 후원회원(월 1만원이상) / 일반회원(회비 없음)
활동기간	• 2024년 10월 ~ 2025년 3월
신청절차	• 홈페이지(www.ynf.or.kr)의 회원신청 탭에서 신청 회원 카톡방 초대
활동혜택	• 청년과미래 하반기 사업에 대한 우선 참여 기회 제공 • 성실 활동자 : 　국내외 취업, 유학, 진학 시 추천서 발급과 표창장 수여(국회의원 명의) 　장학금 지급, 해외탐방 프로그램 제공(내년 2월, 중국과 일본) 　대한민국 인재대상 등 추천서 • 자원봉사시간 제공(1365)
패널티	• 품위 훼손을 하는 경우 자격 상실

01 ❶쪽 메뉴를 클릭한 후 ❷편집 용지를 클릭합니다(단축키 F7).

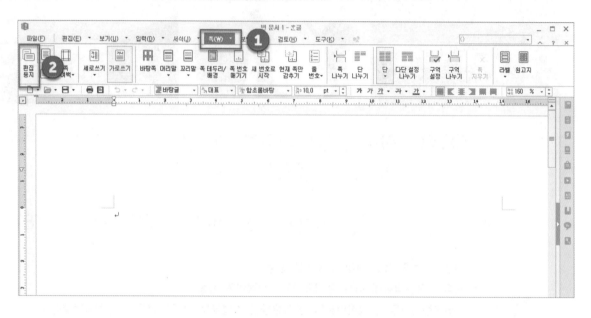

02 위쪽, 아래쪽, 왼쪽, 오른쪽은 **10mm**로 머리말, 꼬리말은 **0mm**로 설정합니다.

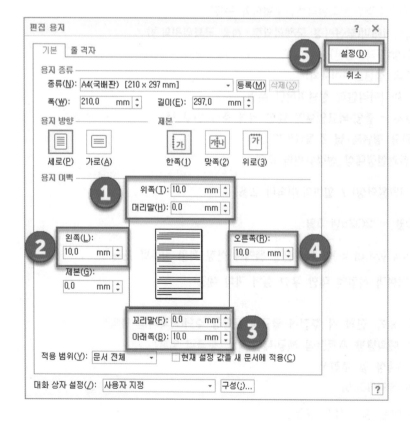

03 ❶**보기** 메뉴에서 ❷**문단 부호**, ❸**쪽 윤곽**, ❹**폭 맞춤**을 선택합니다.

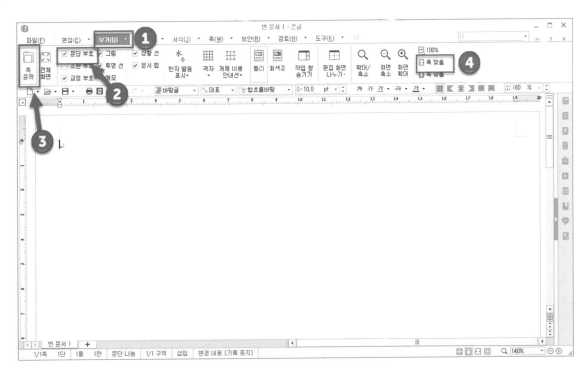

01 글상자를 입력하기 위해 ❶**입력** 메뉴를 클릭해서 리본메뉴에 표시된 ❷**가로 글상자**를 선택합니다.

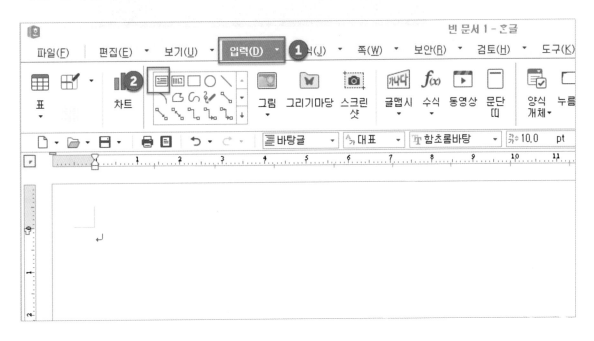

02 글상자를 선택한 후 아래처럼 여백 전까지 **드래그합니다.**

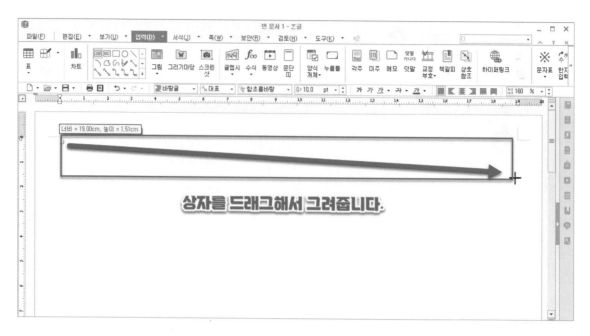

03 아래와 같이 상자 안에 내용을 입력한 후, **❶블록 설정**한 다음 **❷가운데 정렬**, 글자 크기는 **❸"30"**으로 설정합니다.

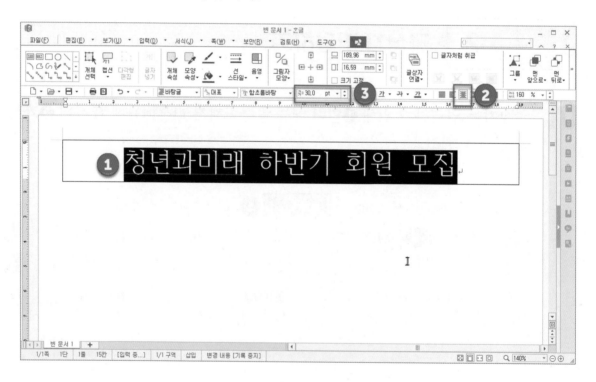

04 도형 메뉴의 리본메뉴에서 **채우기** 드롭다운 버튼을 클릭한 후, **검은 군청색**을 선
택합니다.

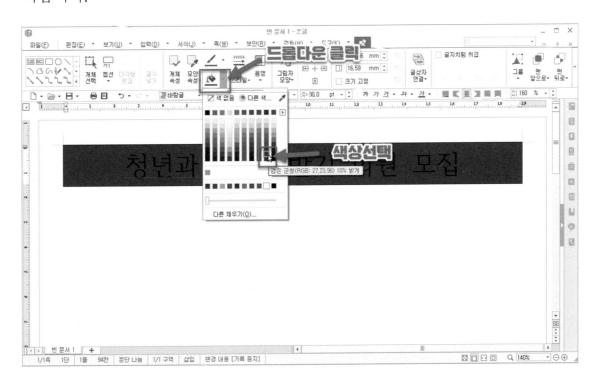

05 글상자를 ❶ Shift +**클릭**으로 선택한 후, ❷**글자 색** 드롭다운 버튼을 클릭한 후 ❸
흰색으로 변경해서 잘 보이도록 합니다.

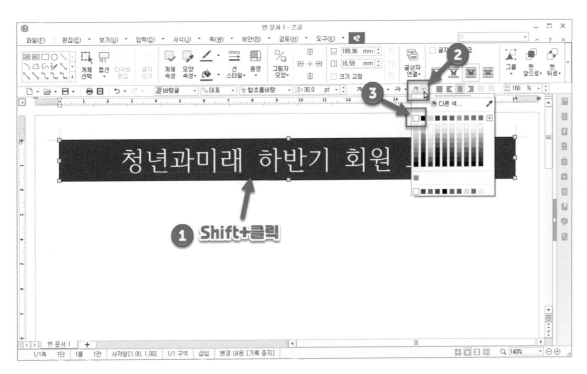

06 ❶글꼴 드롭다운을 클릭해서 ❷한컴 윤체 M을 선택한 후 ❸글자처럼 취급을 체크합니다.

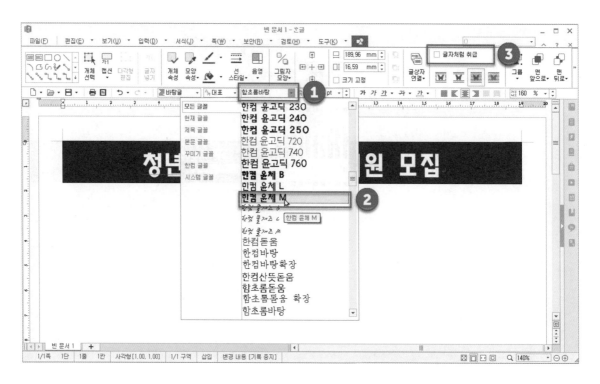

07 다음 줄에 내용을 입력하기 위해 글상자 뒤에 클릭한 후, Enter 를 눌러서 커서를 다음 줄에 위치시킵니다.

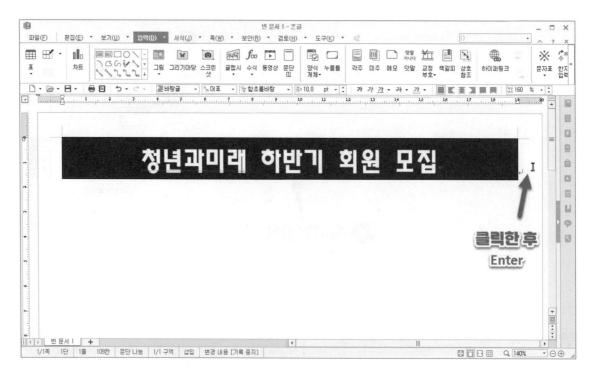

STEP 3 > 셀 배경 그림 넣기

01 ❶**입력** 메뉴를 클릭하고 ❷**표** 선택, ❸**줄 수는 "1", 칸 수는 "3"**을 입력한 후 ❹**글
자처럼 취급**을 체크한 다음 ❺**만들기**를 클릭합니다.

02 표 메뉴의 리본메뉴에서 ❶**셀 배경 색** 드롭다운을 클릭해서, ❷**다른 채우기**를 선
택합니다.

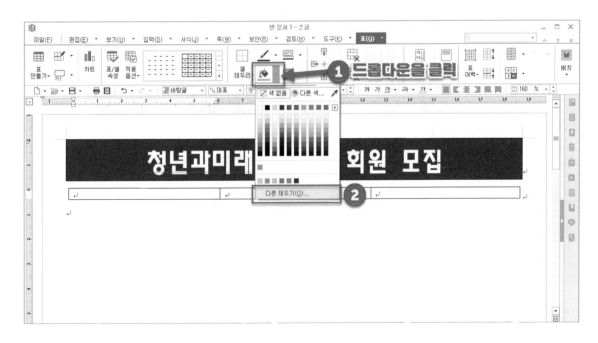

03 셀 테두리/배경 대화상자가 열리면 ❶**배경** 탭을 클릭, ❷**그림**을 체크한 다음 ❸**찾아보기** 버튼을 클릭합니다.

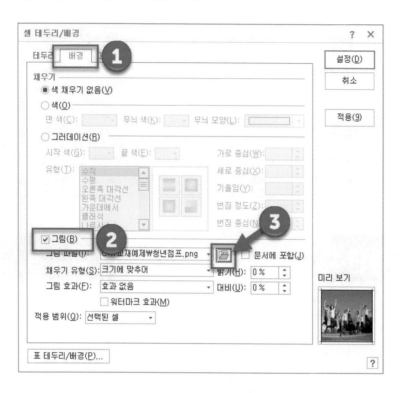

04 찾는 위치를 ❶**로컬 디스크(C:)▶교재예제** 폴더로 이동하고 ❷**청년점프** 파일을 선택한 후 ❸**넣기** 버튼을 클릭합니다. 다시 이전 대화상자로 복귀되면 **[설정]** 단추를 클릭합니다.

05 표 아래에 마우스를 올려놓은 후, 마우스를 **아래로 드래그**해서 셀의 높이를 변경합니다.

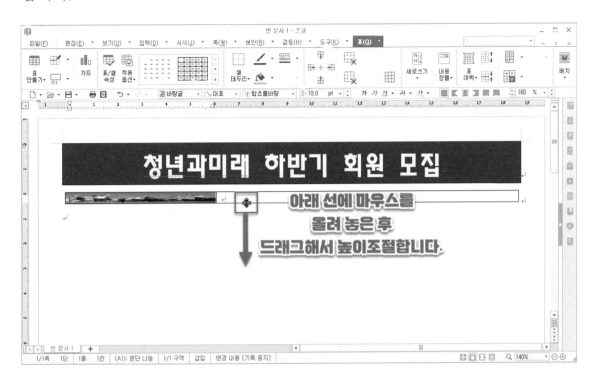

06 같은 방법으로 아래와 같이 각 셀에 맞는 그림으로 채우기를 해줍니다(**그림 파일명 : 토론, 행사**).

07 글상자의 테두리를 없애기 위해 **❶글 상자 안을 클릭**한 후 **❷선 스타일, ❸선 종류**를 차례대로 클릭한 다음 **❹선 없음**을 선택합니다.

08 아래처럼 **❶셀 범위를 지정**한 후 **❷표** 메뉴 드롭다운 버튼, **❸셀 테두리/배경**을 차례대로 선택한 후 **❹각 셀마다 적용**을 클릭합니다.

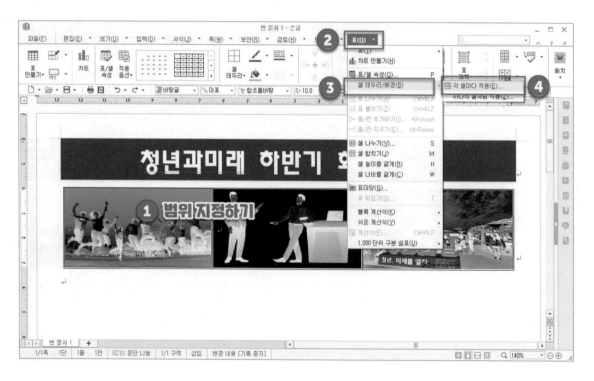

09 셀 테두리/배경 대화상자에서 **❶테두리** 탭을, 종류는 **❷선 없음**, **❸모두**를 차례대로 선택한 후 **❹설정** 버튼을 클릭합니다.

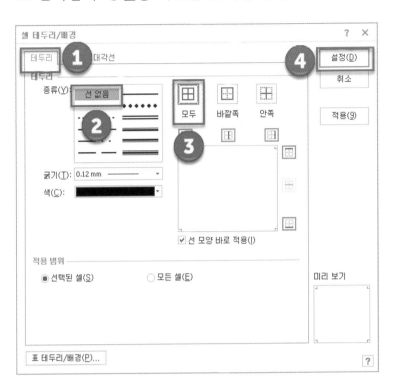

10 표 밖의 여백을 변경하기 위해서 **❶표** 드롭다운을 클릭한 후, **❷표/셀 속성**을 클릭합니다.

11 표/셀 속성 대화상자가 열리면 **❶여백/캡션** 탭을 클릭한 후 **❷바깥여백을 모두 "0"으로 입력**하고 **❸설정** 버튼을 클릭합니다.

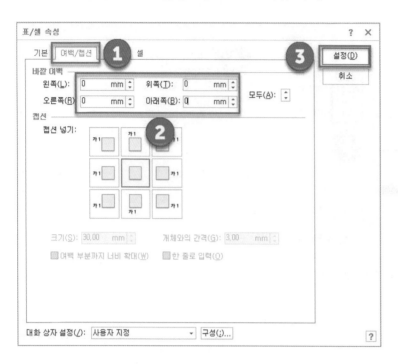

12 글 상자와 표의 길이가 맞지 않으면 아래의 설명대로 해보세요.

13 ❶글 상자의 뒤로 커서를 이동한 후, ❷줄 간격을 100%로 조절해 봅니다. 서로 다른 개체로 입력했으므로 줄 간격을 조절하면 됩니다.

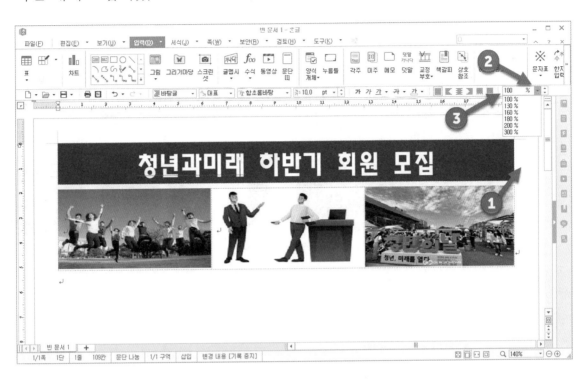

14 여기까지 작업한 내용을 ❶로컬 디스크(C:)▶교재예제 폴더에 ❷"하반기 회원 모집"이라는 이름으로 ❸저장을 합니다.

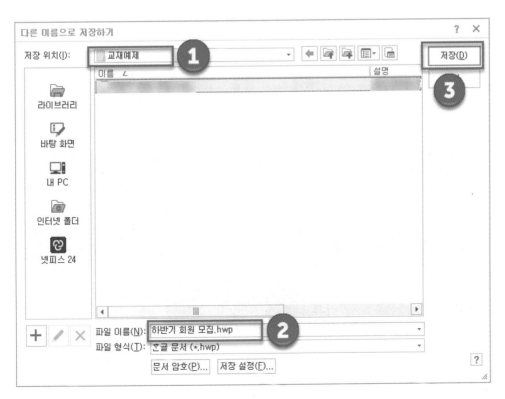

01 아래의 내용을 표 아래에 입력하고 마지막에 Enter 를 눌러줍니다.

02 입력한 ❶내용을 블록 지정한 후 ❷글자체는 한컴 윤체 L, ❸크기는 18pt, ❹글자색은 에메랄드 블루, ❺가운데 정렬로 변경합니다.

03 ❶첫 줄 뒤를 클릭한 후 ❷줄 간격은 100%로 변경합니다. 다음 줄과 줄 간격을 의미하는 기능으로 160%는 60%의 빈 간격을 준다는 의미입니다.

04 마지막 줄로 커서를 이동하고 [Ctrl]+[F10]을 눌러 문자표를 열고 ❶한글(HNC) 문자 표 탭의 ❷전각 기호(일반)을 클릭한 후 ❸ ※ 글자를 선택한 후 ❹넣기 버튼을 클릭합니다. 계속해서 다음 내용을 입력한 후 마지막에서 [Enter]를 누릅니다.

※ 신청기간 : 2024년 10월 9일까지(문의: 02-1234-5678) [Enter]

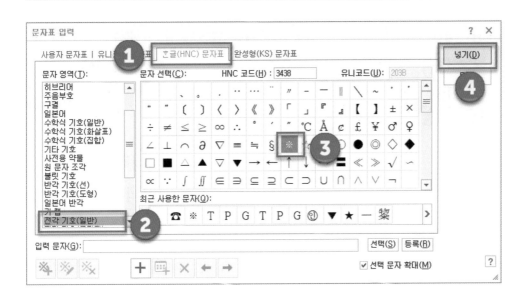

05 ❶블록을 지정한 후 ❷한컴 윤체 L, 18pt로 변경한 후, 글자색은 ❸루비색으로 하고 ❹가운데 정렬을 지정합니다.

06 ❶문서 마지막을 클릭한 후 ❷입력 메뉴를 클릭해서 ❸표를 선택합니다. ❹줄 수는 "7", 칸 수는 "2"를 입력한 후 ❺글자처럼 취급을 체크한 다음 ❻만들기를 클릭합니다.

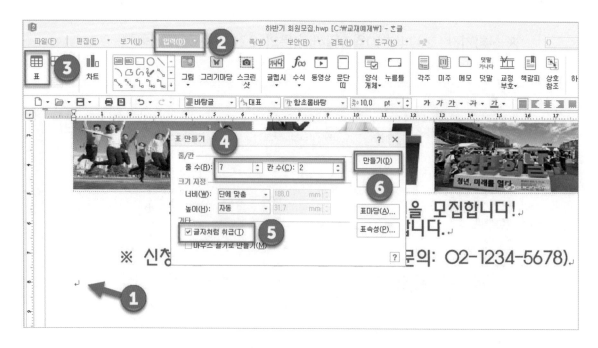

07 첫 번째 셀에 **"활동"**을 입력하고 `Enter`를 눌러서 **"내용"**을 입력한 다음 **세로 칸의 크기를 드래그**해 아래처럼 적당한 상태로 조절합니다.

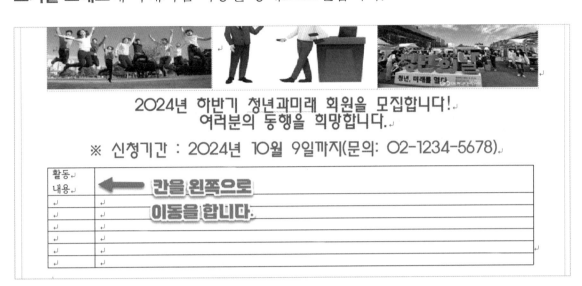

08 아래의 내용을 각 셀마다 **그대로 입력**을 합니다. 교재예제 폴더의 샘플파일을 열어 내용을 복사한 후, 첫 번째 셀에 마우스 우클릭해서 붙여넣기를 할 때 **내용만 덮어쓰기**를 해서 작업해도 됩니다.

활동 내용	기본 : 25개 시도 지부 소속으로 활동 자유 : 청년과미래 부서 중 1개 분야 선택하여 활동 : 청년정책연구소, 일자리본부, 문화콘텐츠 사업본부, 인터넷언론, 청년친화헌정대상 대학생국회, 청소년사업본부 등 : 기획조정실, 홍보전략실, 정책개발실, 대외협력실, 조직관리실, 언론소통실 등
하반기 사업계획	예비언론인 최고위과정(한국인터넷신문협회와 공동주최) 대학생리더십아카데미(부산시청 국제회의장, 서울 국회의원회관) 제2회 해외탐방(중국, 일본) 제1회 대한민국 청년스피치대회 인터넷 언론 미디어라인과 청년기자단 운영 청년정책연구소 – 통일·외교안보에 대한 의식 조사 연구 등 제3회 대한민국 청년의 날 조직위원회 운영 2024 청년친화헌정대상 선정위원회 운영
구분	후원회원(월 1만원이상) / 일반회원(회비 없음)
활동기간	2024년 10월 ~ 2025년 3월
신청절차	홈페이지(www.ynf.or.kr)의 회원신청 탭에서 신청 회원 카톡방 초대
활동혜택	청년과미래 하반기 사업에 대한 우선 참여 기회 제공 성실 활동자 : 국내외 취업, 유학, 진학 시 추천서 발급과 표창장 수여(국회의원 명의) 장학금 지급, 해외탐방 프로그램 제공(내년 2월, 중국과 일본) 대한민국 인재대상 등 추천서 자원봉사시간 제공(1365)
패널티	품위 훼손을 하는 경우 자격 상실

09 **(샘플파일을 열어 복사해 넣은 경우)** 아래의 빨간 화살표 된 곳을 클릭한 후, Shift + Enter 를 눌러서 강제로 줄나눔을 진행합니다.

활동 내용	기본 : 25개 시도 지부 소속으로 활동↵ 자유 : 청년과미래 부서 중 1개 분야 선택하여 활동: 청년정책연구소, 일자리본부, 문화콘텐츠 사업본부, 인터넷언론, 청년친화헌정대상, 대학생국회, 청소년사업본부 등: 기획조정실, 홍보전략실, 정책개발실, 대외협력실, 조직관리실, 언론소통실 등.↵
하반기 사업계획↵	예비언론인 최고위과정(한국인터넷신문협회와 공동주최).↵ 대학생리더십아카데미(부산시청 국제회의장, 서울 국회의원회관).↵ 제2회 해외탐방(중국, 일본).↵ 제1회 대한민국 청년스피치대회↵ 인터넷 언론 미디어라인과 청년기자단 운영↵ 청년정책연구소 – 통일·외교안보에 대한 의식 조사 연구 등.↵ 제3회 대한민국 청년의 날 조직위원회 운영↵ 2024 청년친화헌정대상 선정위원회 운영↵
구분↵	후원회원(월 1만원이상) / 일반회원(회비 없음).↵
활동기간↵	2024년 10월 ~ 2025년 3월.↵
신청절차↵	홈페이지(www.ynf.or.kr)의 회원신청 탭에서 신청 회원 카톡방 초대.↵
활동혜택↵	청년과미래 하반기 사업에 대한 우선 참여 기회 제공.↵ 성실 활동자 : 국내외 취업, 유학, 진학 시 추천서 발급과 표창장 수여(국회의원 명의)장학금 지급, 해외 탐방 프로그램 제공(내년 2월, 중국과 일본)대한민국 인재대상 등 추천서.↵ 자원봉사시간 제공(1365).↵
패널티↵	품위 훼손을 하는 경우 자격 상실↵

10 ❶파일→❷저장하기를 차례대로 클릭해서 지금까지 작업한 사항을 보관합니다.

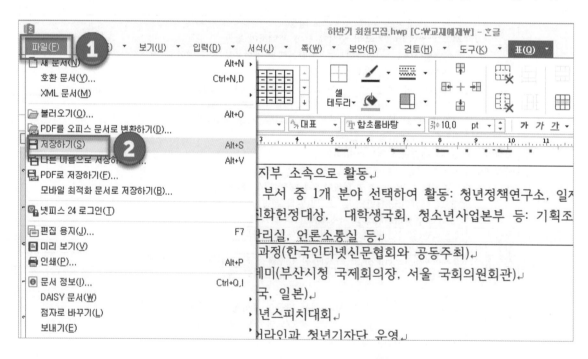

11 ❶**첫 번째 칸을 범위로 지정**(활동내용 셀을 클릭, 휠을 아래로 굴려서 마지막 줄에 Shift +클릭)한 후 ❷**가운데 정렬**을 합니다.

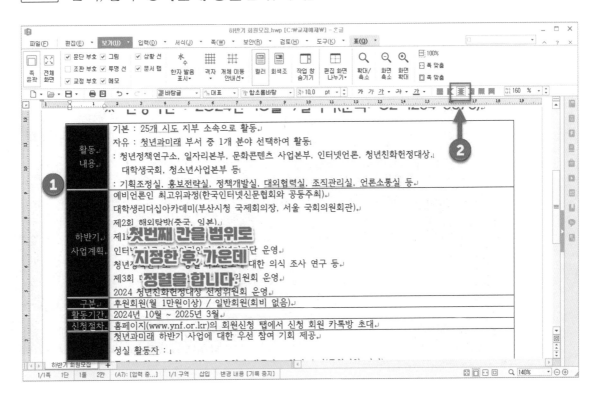

12 ❶**두 번째 칸의 모든 줄을 범위로 지정**한 후 **서식** 메뉴에서 ❷**글머리표의 드롭다운**을 클릭해서 ❸**2번째 항목**을 선택합니다.

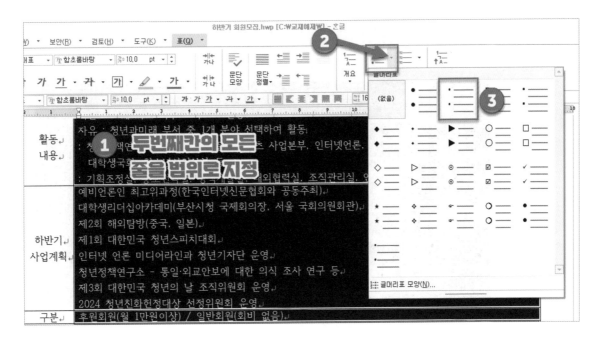

01 모든 셀을 범위로 지정한 후, Ctrl+↓를 이용해서 **셀 높이를 적당하게 조절**합니다. 이 때 다음 페이지로 넘어가지 않도록 유의합니다.

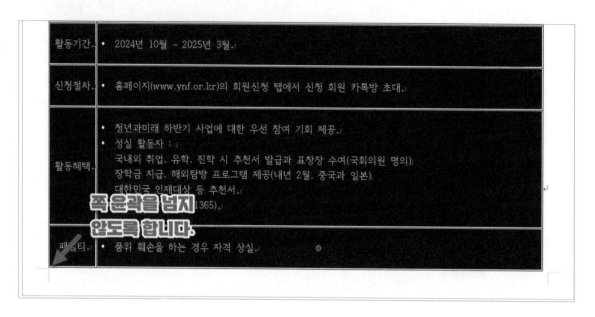

02 글자체는 **한컴 윤체 L**, 글자 크기를 **12pt**로 변경해줍니다.

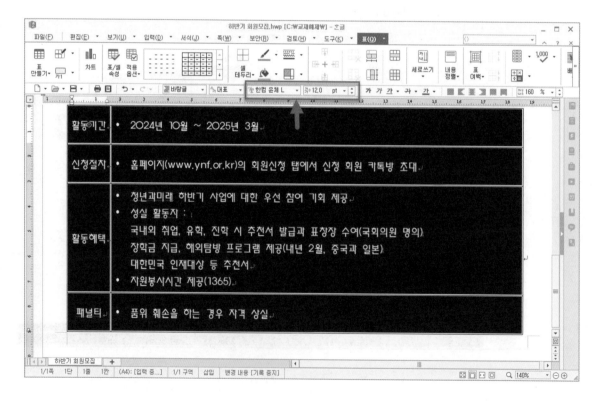

03 셀 범위가 모두 지정된 상태에서 **❶마우스 우클릭**한 후, **❷셀 테두리/배경**에 마우스를 올려놓은 후 **각 셀마다 적용**을 클릭합니다.

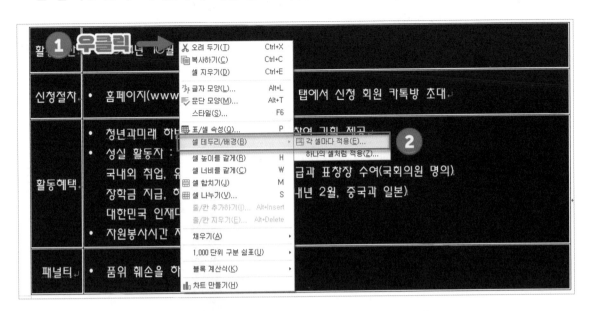

04 실선이 선택되어 있으면, **❶색은 옅은 회색**으로 지정한 후 **❷모두**를 클릭하고 **❸ 설정** 버튼을 클릭합니다. 마지막으로 **파일을 저장**합니다.

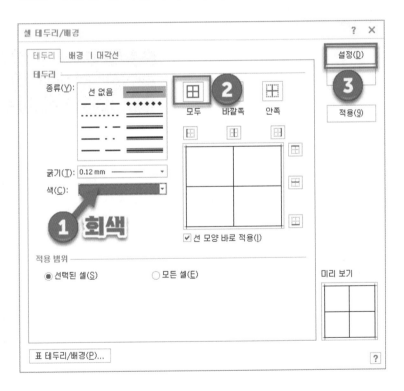

1 서식 메뉴에서 다음과 같이 **글머리표** 모양을 선택해 보세요.

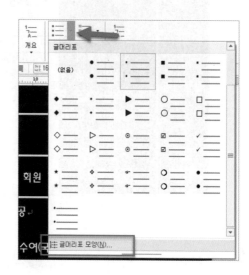

2 사용자 정의→본문과의 간격(50%)을 설정해 보세요.

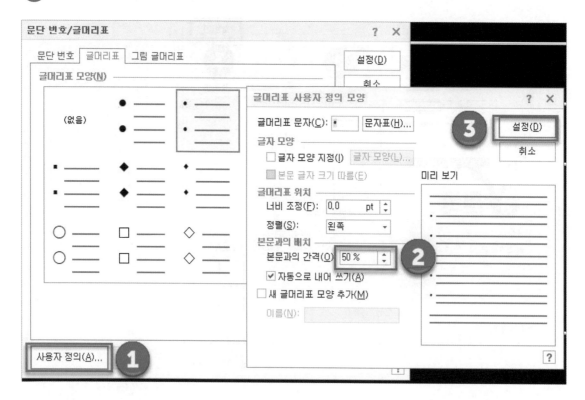

CHAPTER 05

한글로 전단지 만들기

한글 워드프로세서의 글맵시 기능을 이용하면 큰 글자를 만들어 넣고 다양하게 꾸밀 수 있습니다. 글맵시와 본문과의 배치 관계, 표의 입력과 편집, 이미지의 여백 자르기 등의 유용한 기능들을 활용하여 수강생 모집 전단지를 만들어 보겠습니다.

🔍 결과화면 미리보기

 서울특별시
SEOUL METROPOLITAN GOVERNMENT

 2024 서울시여성취업교실
수 강 생 모 집

＋ 모집 안내

- 신청 기간   2024. 04. 08-정원 모집가지
- 운영 기간   05. 08 - 10. 31
- 신청 대상   서울시 거주 65세 미만 미취업 여성
  (4대 보험 미가입자/사업자 미등록자)
- 수강료   무료
- 신청 방법   전화 접수 : 02)1234-5678(평일 18시 이전까지 접수가능)
  온라인 접수 : QR코드 접속 후 폼 작성

7월 3일	돌봄프로그램 2	보드게임/과학프로그램 기획 및 실습
7월 10일	돌봄기관 행정 2	사업 예산 작성법/활동일지 및 서류 관리 업무/서울시 매뉴얼 숙지
7월 17일	돌봄프로그램 3	토탈공예 프로그램 진행/다양한 과학 프로그램 기획
7월 24일	회계교육	사업예산 관련 업무 익히기/수입지출 관련 업무
7월 31일	돌봄기관 문서관리	돌봄기관 업무 프로세스 및 실무/문서 및 물품관리
8월 7일	이력서 작성 및 면접시연	지원 희망 기관 탐색하기/이력서 작성해보기
8월14일	면접시연	모의 면접 진행 및 피드백

※ 프로그램 운영은 사정에 따라 조정 될 수 있습니다.
※ 선발 여부는 개별 안내드립니다.
※ 기타 문의는 02-1234-5678 또는 yebang1004@naver.com

 사단법인 따뜻한마음
INCORPORATED ASSOCIATION WARM HEART

무엇을 배울까?

❶ 글맵시 꾸미기
❷ 글맵시 복사/편집하기
❸ 표 입력/편집하기
❹ 그림 넣고 배치하기

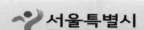 서울특별시
SEOUL METROPOLITAN GOVERNMENT

2024 서울시여성취업교실
수강생모집

+ 모집 안내

- **신청 기간** 2024. 04. 08-정원 모집가지
- **운영 기간** 05. 08 - 10. 31

- **신청 대상** 서울시 거주 65세 미만 미취업 여성
  (4대 보험 미가입자/사업자 미등록자)
- **수강료** 무료

- **신청 방법** 전화 접수 : 02)1234-5678(평일 18시 이전까지 접수가능)
  온라인 접수 : QR코드 접속 후 폼 작성

+ 프로그램 안내

과정명	장소	수강 기간	수업 시간	회차	정원
초등돌봄(늘봄)교사 취업과정-오후반 ※사회복지사, 보육교사, 교원자격증 중 소지必	따뜻한마음 평생교육원 (구로구 고척로 16길72)	06.12-08.14	19:00-21:00 (수요일)	10회	15명

일자	교육주제	교육내용
6월 12일	돌봄기관 행정1	사회복지 시설정보시스템/희망e음 시스템문서관리 및 물품관리
6월 19일	아동발달 및 아동복지	아동발달학의 과학적 기초/아동발달의 본질/아동의 정서 사회적 발달
6월 26일	돌봄프로그램 1	대시민 문화예술활동 사업 프로그램/PBL프로그램 기획 및 실습
7월 3일	돌봄프로그램 2	보드게임/과학프로그램 기획 및 실습
7월 10일	돌봄기관 행정 2	사업 예산 작성법/활동일지 및 서류 관리 업무/서울시 매뉴얼 숙지
7월 17일	돌봄프로그램 3	토탈공예 프로그램 진행/다양한 과학 프로그램 기획
7월 24일	회계교육	사업예산 관련 업무 익히기/수입지출 관련 업무
7월 31일	돌봄기관 문서관리	돌봄기관 업무 프로세스 및 실무/문서 및 물품관리
8월 7일	이력서 작성 및 면접시연	지원 희망 기관 탐색하기/이력서 작성해보기
8월14일	면접시연	모의 면접 진행 및 피드백

※ 프로그램 운영은 사정에 따라 조정 될 수 있습니다.
※ 선발 여부는 개별 안내드립니다.
※ 기타 문의는 02-1234-5678 또는 yebang1004@naver.com

사단법인 따뜻한마음
INCORPORATED ASSOCIATION WARM HEART

STEP 1 ▷ 글맵시 꾸미기

01 키보드 F7을 눌러서 편집 용지의 **용지 여백**을 아래와 같이 **상하좌우는 "10"**, 머리말/꼬리말은 **"0"**으로 설정합니다.

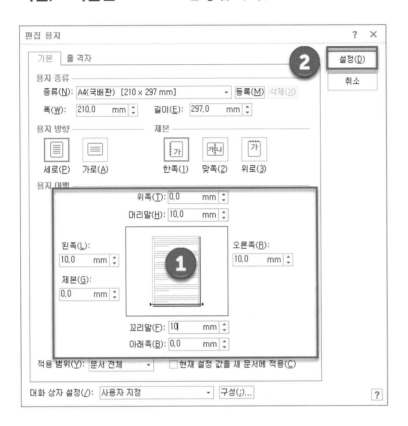

02 **❶입력** 메뉴에서 **❷직사각형**을 선택한 후 아래처럼 쪽윤곽 위치부터 **❸오른쪽 하단으로 드래그**해서 그려줍니다.

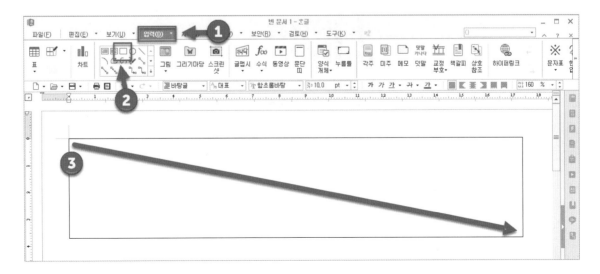

03 사각형이 선택된 상태의 리본메뉴에서 ❶**너비는 "190", 높이는 "40"**으로 변경한 후 ❷**글자처럼 취급**을 클릭합니다(일단 사각형을 대충 그려준 후 지금처럼 크기와 위치를 변경할 수 있습니다).

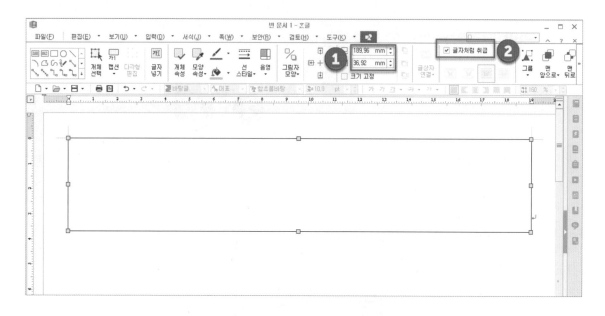

04 사각형이 선택된 상태의 리본메뉴에서 ❶**채우기의 드롭다운** 버튼을 클릭한 후 ❷ **다른 채우기**를 선택합니다.

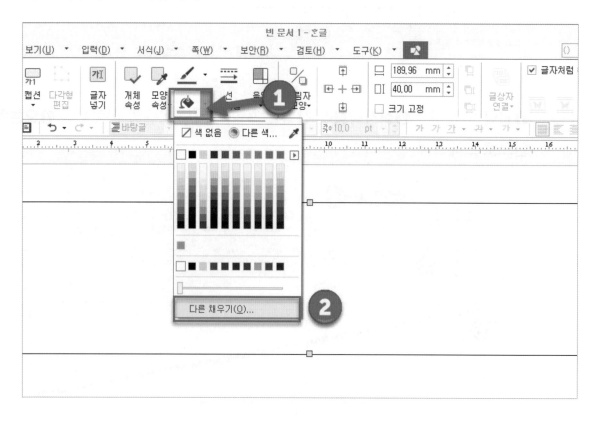

05 ❶**채우기** 탭을 클릭한 후 ❷**그러데이션**을 선택하고, **시작 색과 끝 색을 초록계열**로 지정합니다. 유형은 ❸**수평**을 선택합니다.

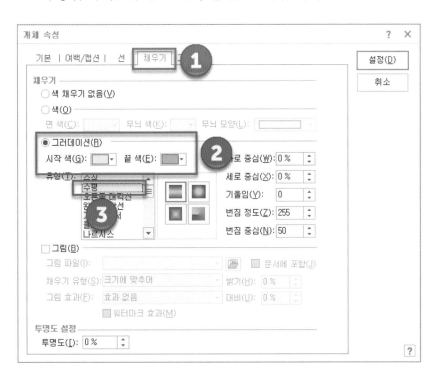

06 계속해서 ❶**선** 탭을 선택한 후 종류는 ❷**선 없음**으로 변경한 다음 ❸**설정**을 클릭합니다.

07 사각형 뒤를 클릭한 후 Enter 를 눌러서 커서를 아래로 한 줄 내려가게 해줍니다 (글맵시 등 다른 개체를 삽입하기 위해서 하는 작업).

08 ❶입력 메뉴를 선택한 후 ❷글맵시를 눌러서 ❸"2024서울시여성취업교실"을 입력한 후 ❹글맵시 모양을 클릭해서 **[갈매기형 수장]**으로 변경한 다음 ❺설정을 클릭합니다.

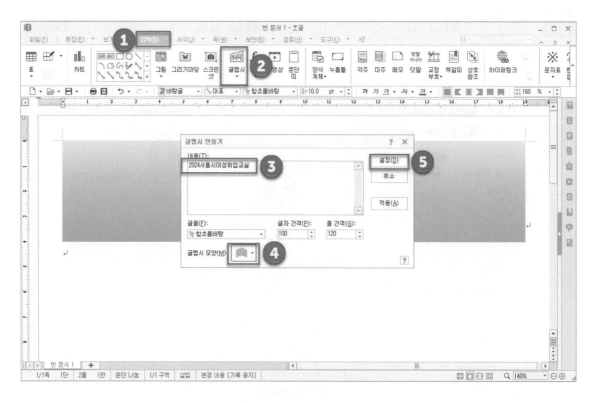

09 리본메뉴에서 **개체 속성**을 클릭합니다(개체에 마우스 우클릭을 한 후 개체 속성을 선택하거나, 개체를 더블클릭하는 방법으로 개체 속성을 열기도 합니다).

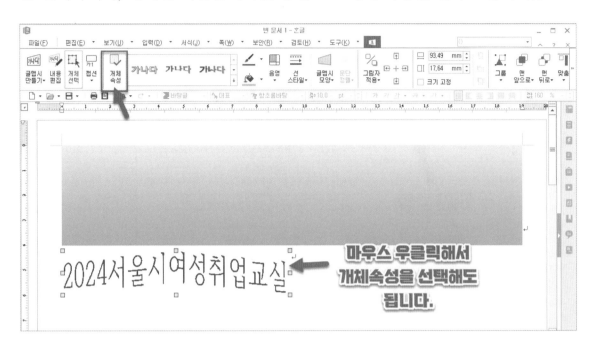

10 ❶**기본** 탭을 클릭하고 본문과의 배치에서 ❷**글 앞으로**를 선택한 다음 ❸**설정** 버튼을 클릭합니다.

11 **글맵시 개체를 더블클릭**해서 개체 속성 대화상자를 표시합니다. 더블클릭이 잘 안되면 마우스 우클릭해서 개체 속성을 선택합니다.

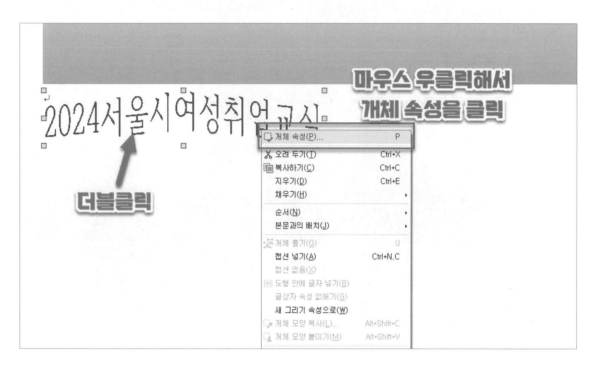

12 ❶**글맵시** 탭을 클릭하고 글꼴은 ❷**휴먼모음T**, 그림자 그룹에서 ❸**비연속**을 선택 후 ❹**색은 검정, X위치는 "1", Y위치는 "2"**로 변경합니다.

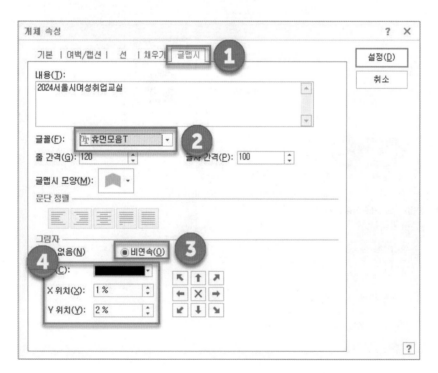

13 계속해서 ❶채우기 탭을 클릭하고, ❷면 색을 ❸흰색으로 선택한 다음 ❹설정 버튼을 클릭합니다.

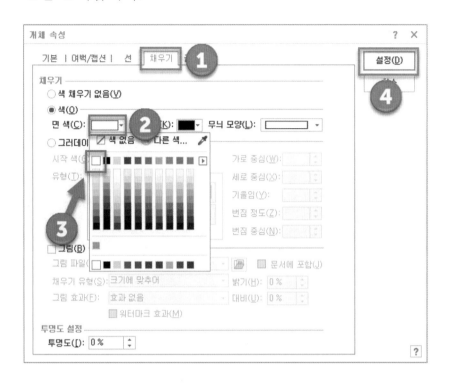

14 아래처럼 글맵시의 **위치를 이동**시키고 **크기를 조절**해 줍니다.

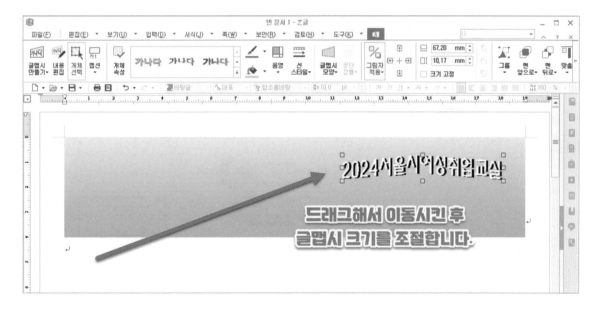

01 글맵시를 선택하고 Ctrl+C를 눌러서 **복사**한 후 Ctrl+V를 눌러서 **붙여넣기**를 한 다음 복사된 개체를 이동시킵니다.

02 개체 속성 대화상자를 표시하고 ❶채우기 탭에서 ❷면색을 검정색으로 변경하고, ❸선 탭에서 ❹색을 흰색으로 변경한 후 ❺종류는 실선, 굵기는 "0.3"으로 입력해서 변경해 줍니다.

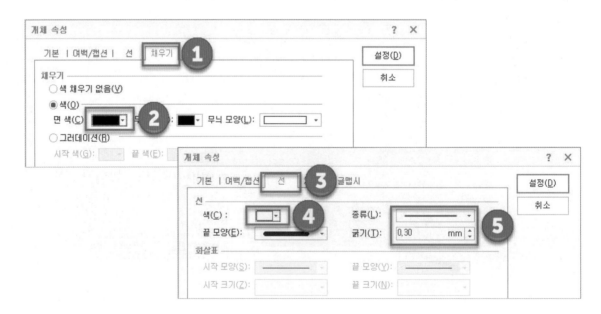

03 계속해서 ❶글맵시 탭을 선택한 후 ❷글자 간격을 "120"으로 변경한 다음 글맵시 모양을 ❸직사각형으로, ❹그림자는 없음을 선택한 후 ❺설정 버튼을 클릭합니다.

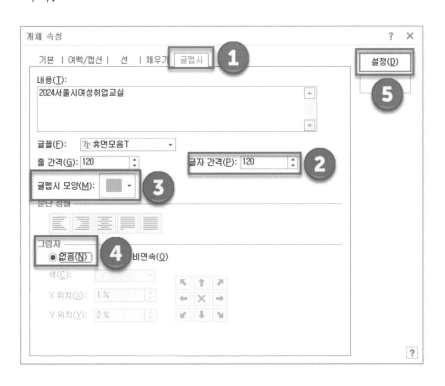

04 리본메뉴에서 ❶내용 편집을 클릭한 후 ❷"수강생모집"으로 내용을 바꾸고 ❸글꼴은 "HY태백B", 글자 간격은 "130"으로 변경해 봅니다.

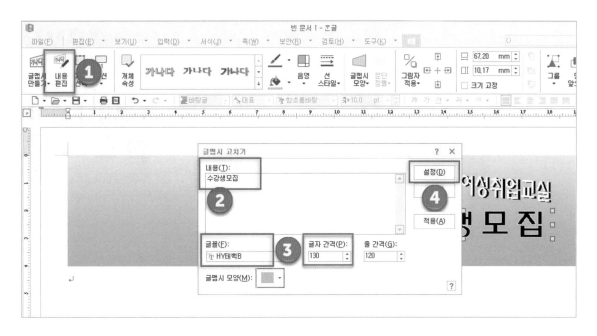

01 아래와 같이 모집 안내에 관련된 내용을 표로 작성해 보겠습니다.

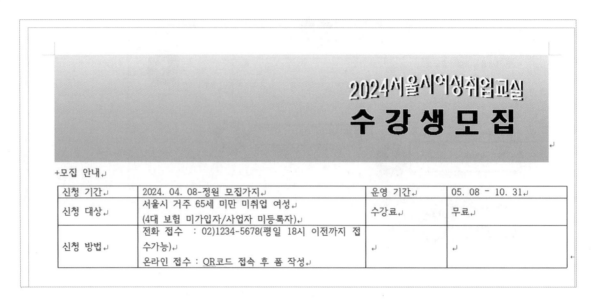

02 **"+모집 안내"를 입력**한 후 Enter 를 누른 다음 **"3"줄, "4"칸**짜리 표를 **글자처럼 취급**해서 만들어줍니다.

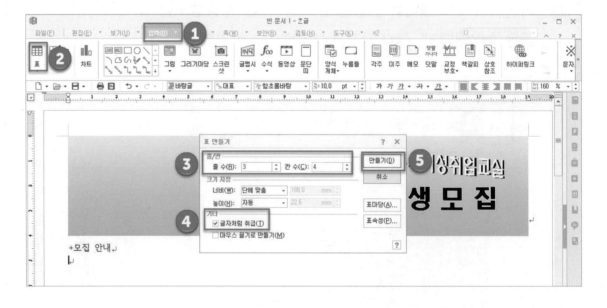

03 다음과 같은 내용을 각 셀에 입력하고 셀 간격을 글자에 맞게 조정합니다.

신청 기간↵	2024. 04. 08-정원 모집까지↵	운영 기간↵	05. 08 - 10. 31↵
신청 대상↵	서울시 거주 65세 미만 미취업 여성↵ (4대 보험 미가입자/사업자 미등록자)↵	수강료↵	무료.↵
신청 방법↵	전화 접수 : 02)1234-5678(평일 18시 이전까지 접수가능)↵ 온라인 접수 : QR코드 접속 후 폼 작성↵	↵	↵

04 마지막 3개의 셀을 **❶범위로 지정**한 다음 마우스 우클릭 후 **❷셀 합치기**를 해서 병합을 해줍니다.

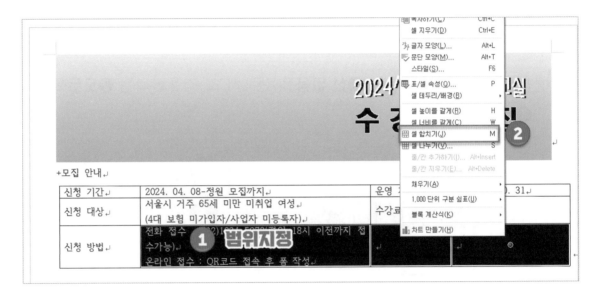

05 전체를 **❶셀 범위로 지정**한 후 **❷글꼴을 나눔고딕**으로 변경합니다.

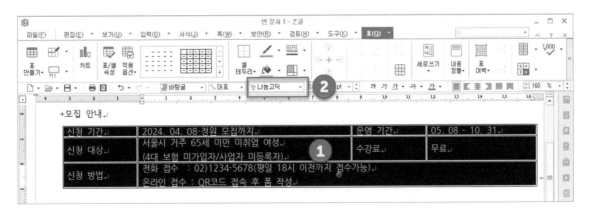

06 범위가 지정된 상태에서 ❶마우스 우클릭을 해서 ❷셀 테두리/배경에서 ❸각 셀 마다 적용을 선택합니다.

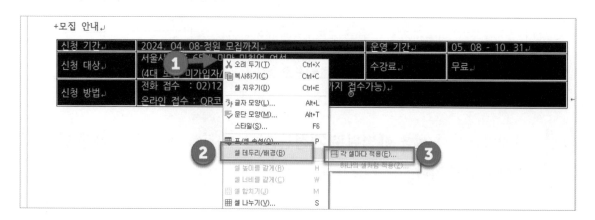

07 [테두리] 탭에서 종류는 ❶선 없음을 선택하고, 적용범위는 ❷모두를 클릭한 후 ❸설정합니다.

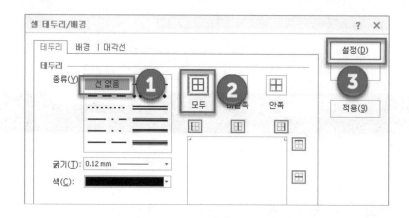

08 셀 테두리/배경 작업을 빠르게 하는 단축키 ⃞L⃞을 누른 후 대화상자가 나오면 아래처럼 설정합니다.

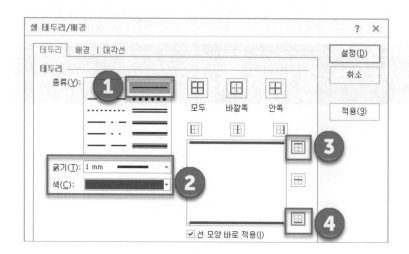

09 전체 셀 범위 지정 상태에서 Ctrl + ↓ 로 아래처럼 **셀 높이를 약간 크게** 조절합니다.

+모집 안내

신청 기간	2024. 04. 08-정원 모집까지	운영 기간	05. 08 - 10. 31
신청 대상	서울시 거주 65세 미만 미취업 여성 (4대 보험 미가입자/사업자 미등록자)	수강료	무료
신청 방법	전화 접수 : 02)1234-5678(평일 18시 이전까지 접수가능) 온라인 접수 : QR코드 접속 후 폼 작성		

10 **문자표**(Ctrl + F10)에서 불릿기호를 선택해서 표 안에 적용해 보세요.

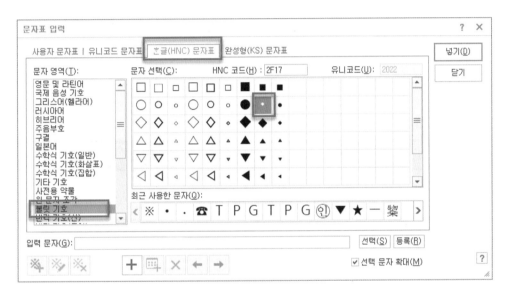

+모집 안내

• 신청 기간	2024. 04. 08-정원 모집까지	• 운영 기간	05. 08 - 10. 31
• 신청 대상	서울시 거주 65세 미만 미취업 여성 (4대 보험 미가입자/사업자 미등록자)	• 수강료	무료
• 신청 방법	전화 접수 : 02)1234-5678(평일 18시 이전까지 접수가능) 온라인 접수 : QR코드 접속 후 폼 작성		

11 "+모집 안내" 글꼴은 **HY헤드라인M 18pt**, 글자색은 **파란색**으로 변경하고, 표 안의 글자 크기는 **14pt**로 설정합니다.

+모집 안내			
• 신청 기간	2024. 04. 08-정원 모집까지	• 운영 기간	05. 08 - 10. 31
• 신청 대상	서울시 거주 65세 미만 미취업 여성 (4대 보험 미가입자/사업자 미등록자)	• 수강료	무료
• 신청 방법	전화 접수 : 02)1234-5678(평일 18시 이전까지 접수가능) 온라인 접수 : QR코드 접속 후 폼 작성		

12 아래의 표 작업(글자처럼 취급)을 진행해 보세요. 글꼴은 **나눔고딕**, 글자 크기는 제목행 **12pt**, 내용 **10pt**입니다. 셀에 배경색을 적용할 때는 셀 테두리/배경 대화상자의 [배경] 탭을 이용합니다.

+ 프로그램 안내					
과정명	장소	수강 기간	수업 시간	회차	정원
초등돌봄(늘봄)교사 취업과정-오후반 ※사회복지사, 보육교사, 교원자격증 중 소지必	따뜻한마음 평생교육원 (구로구 고척로 16길72)	06.12-08.14.	19:00-21:00 (수요일)	10회	15명

13 아래의 표 작업을 진행해 보세요. 글꼴은 **나눔고딕**, 글자 크기는 제목행 **12pt**, 내용 **11pt**입니다.

일자	교육주제	교육내용
6월 12일	돌봄기관 행정1	사회복지 시설정보시스템/희망e음 시스템문서관리 및 물품관리
6월 19일	아동발달 및 아동복지	아동발달학의 과학적 기초/아동발달의 본질/아동의 정서 사회적 발달
6월 26일	돌봄프로그램 1	대시민 문화예술활동 사업 프로그램/PBL프로그램 기획 및 실습
7월 3일	돌봄프로그램 2	보드게임/과학프로그램 기획 및 실습
7월 10일	돌봄기관 행정 2	사업 예산 작성법/활동일지 및 서류 관리 업무/서울시 매뉴얼 숙지
7월 17일	돌봄프로그램 3	토탈공예 프로그램 진행/다양한 과학 프로그램 기획
7월 24일	회계교육	사업예산 관련 업무 익히기/수입지출 관련 업무
7월 31일	돌봄기관 문서관리	돌봄기관 업무 프로세스 및 실무/문서 및 물품관리
8월 7일	이력서 작성 및 면접시연	지원 희망 기관 탐색하기/이력서 작성해보기
8월14일	면접시연	모의 면접 진행 및 피드백

14 아래는 표 기능을 사용해 1줄, 1칸으로 작업합니다. 글꼴은 **나눔고딕**, 글자 크기
는 **12pt**입니다. 셀 배경은 짙은 하늘색으로 합니다.

> ※ 프로그램 운영은 사정에 따라 조정 될 수 있습니다.↵
> ※ 선발 여부는 개별 안내드립니다.↵
> ※ 기타 문의는 02-1234-5678 또는 yebang1004@naver.com↵

STEP 4 ▷ **그림 넣고 배치하기**

01 커서를 문서의 **끝에 위치**시킨 후, 아래처럼 **입력▶그림**으로 교재예제 폴더에서
로고2 그림을 삽입합니다.

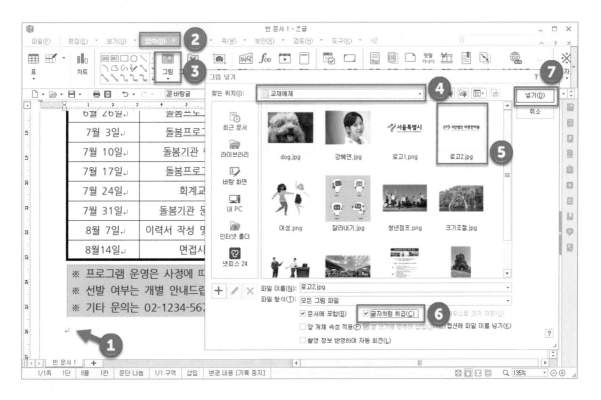

02 공간이 부족하여 로고2 이미지가 다음 페이지로 넘어가 삽입됩니다. 로고2를 선택한 후 리본메뉴에서 **자르기**를 클릭하고 이미지에 보이는 **낫표를 드래그**해서 아래처럼 로고2 내용만 보이도록 잘라줍니다.

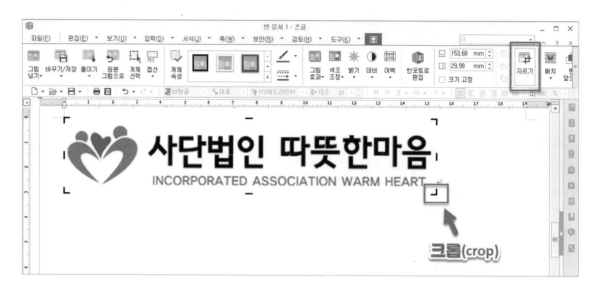

03 다시 리본 메뉴에서 자르기를 클릭해서 해제하면 크기조절로 변경됩니다. **로고2의 크기를 줄여주면** 자동으로 위 페이지로 붙어집니다. 로고 그림은 가운데로 정렬해 놓습니다.

7월 17일↵	돌봄프로그램 3↵	토탈공예 프로그램 진행/다양한 과학 프로그램 기획↵
7월 24일↵	회계교육↵	사업예산 관련 업무 익히기/수입지출 관련 업무↵
7월 31일↵	돌봄기관 문서관리↵	돌봄기관 업무 프로세스 및 실무/문서 및 물품관리↵
8월 7일↵	이력서 작성 및 면접시연↵	지원 희망 기관 탐색하기/이력서 작성해보기↵
8월14일↵	면접시연↵	모의 면접 진행 및 피드백↵

※ 프로그램 운영은 사정에 따라 조정 될 수 있습니다.↵
※ 선발 여부는 개별 안내드립니다.↵
※ 기타 문의는 02-1234-5678 또는 yebang1004@naver.com↵

04 문서 처음으로 이동한 후, ❶입력 메뉴를 선택한 후 ❷그림을 클릭하고, 대화상자에서 ❸로고1을 선택한 다음 ❹글자처럼 취급을 해제하면 ❺마우스로 크기 지정이 됩니다. ❻넣기를 클릭해서 원하는 위치에 그림을 삽입할 수 있습니다.

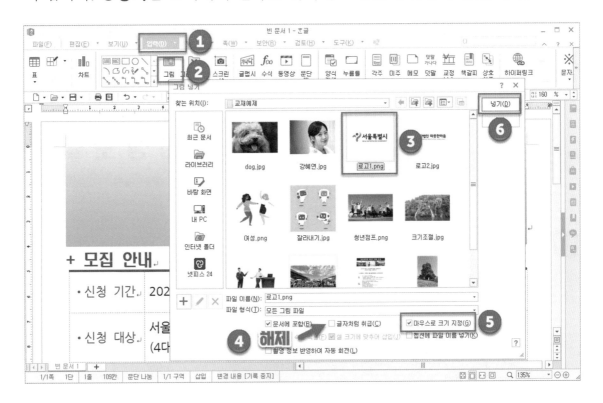

05 드래그해서 로고1을 넣어주면 아래처럼 글상자가 아래로 밀려나게 됩니다. 리본 메뉴의 배치에서 글 앞으로를 클릭합니다.

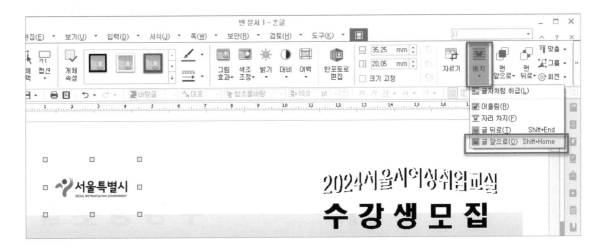

06 **자르기**를 선택한 후 여백을 잘라내 줍니다.

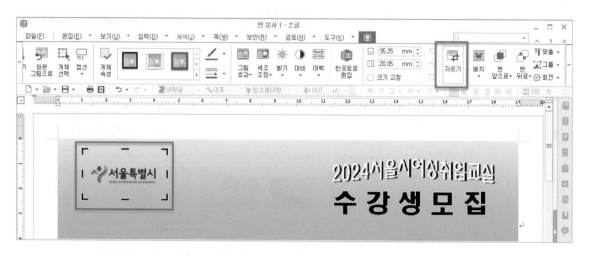

07 자르기를 다시 클릭해서 해제한 후 크기를 조절해서 로고1의 위치를 적당하게 이동시킵니다.

08 동일한 방법으로 교재예제 폴더에서 **여성** 이미지를 추가해 줍니다.

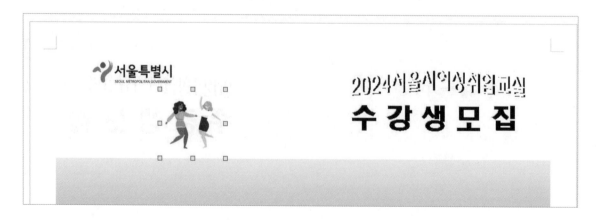

09 본문과의 배치를 앞의 과정과 동일하게 **글 앞으로** 변경한 후, 이미지의 위치와 크기를 조절합니다.

10 도구에서 **저장하기**를 클릭해서 **"수강생모집"으로 저장**합니다.

1 아래의 문서를 만들어 보세요.

오상열어학원 여름특강

수강생 모집

여름방학 특강 안내

- **특강 기간 :** 2030년 8월 1일 (월) ~ 8월 31일 (월) ※과목별로 운영 날짜 상이
- **신청 기간 :** 2030년 7월 20일 (수) ~ 7월 29일 (금) ※선착순 신청 마감
- **안내 :** - 특강 신청서에 희망 여부를 표시해주세요.
  - 희망하는 해당 과목에 표시해주세요.
  - 특강 신청은 선착순이며, 수강신청서를 제출하거나 카톡,문자로도 신청 가능합니다.
  - 특강이 개설되는 지점을 꼭 확인해주세요.

단계별 학습 프로그램

개념완성	내신대비	심화학습	모의고사
Level 1 ~ 2	전 Level	Level 3 ~ 5	전 Level

수강 신청서

이름	김미리	학년	고2	현재레벨	Level 3
수강여부	수강함 (O)			수강하지 않음 ( )	

수강과목	과목	개념완성	내신대비	심화학습	모의고사
	희망		O	O	O

위와 같이 오상열어학원의 여름특강 프로그램을 수강하고자 신청합니다.

📖 **오상열어학원** | 010-123-4567

CHAPTER 06

엑셀로
데이터 분석 시트 만들기

엑셀을 이용해 스마트폰 유료 게임 현황이라는 데이터 분석 시트를 만들어 보겠습니다. 데이터 입력, 편집, 서식, 계산, 도형 작업등 기본 기능을 살펴보고 조건부서식과 함수를 이용하여 계산하는 방법도 배웁니다.

🔍 결과화면 미리보기

📱 스마트폰 유료 게임 현황 📱

게임코드	게임명	구분	특징	출시일	용량	판매금액 (단위:원)	추천	순위
R-243	테일즈 오브 크라운	롤플레잉	가상현실체험	2023-08-27	138MB	5,600	가족용	2위
C-412	동물의 섬	캐주얼	교육용	2023-05-19	77MB	2,700	할인중	7위
R-233	에코칼립스	롤플레잉	여행	2022-07-30	64MB	4,800	가족용	4위
A-323	스쿼드 버스터즈	액션	에디터	2021-12-10	124MB	2,100	가족용	8위
C-342	드래곤 꺼어억	캐주얼	목표달성	2022-08-10	113MB	7,400	할인중	1위
C-232	고스톱M	캐주얼	사고력	2021-12-30	85MB	5,500	할인중	3위
R-421	빵빵좀비단	롤플레잉	가상현실체험	2021-11-09	60MB	4,100	인기작	5위
A-321	로얄 매치	어드벤쳐	판타지체험	2022-01-17	54MB	3,100	인기작	6위
롤플레잉 게임 개수			3	✕	최대 용량			138
롤플레잉 게임 판매금액(단위:원) 평균			4,800		게임코드	C-412	판매금액 (단위:원)	2,700

무엇을 배울까?

❶ 자료 입력과 서식 지정하기
❷ 사용자 지정 서식 다루기
❸ 함수로 계산하기

❹ 조건부 서식 적용하기
❺ 도형 작업하기

01 엑셀(Excel)을 실행한 후 **새 통합 문서**를 클릭합니다.

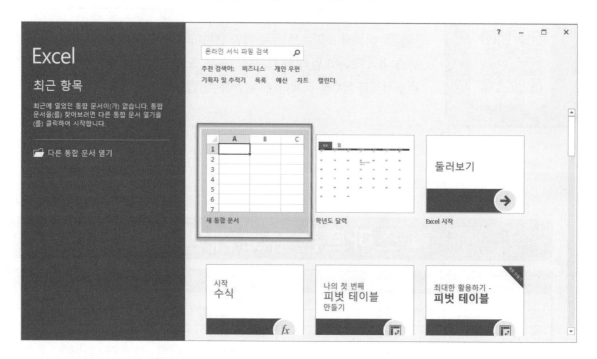

02 **A열** 버튼에 ❶**마우스 우클릭**을 한 후 ❷**열 너비**를 클릭하면 나오는 대화상자에서 ❸**"1"**을 입력한 후 확인을 클릭하거나 Enter 를 누릅니다.

03 아래의 그림처럼 **B4셀부터 입력**을 해 줍니다. 모든 데이터의 서식은 **글꼴(굴림, 11pt)**로 지정하고, B열~J열의 너비는 열머리글 사이의 경계선을 드래그해 적당히 조정합니다.

04 항목명 「B4:J4, G14, I14」 영역은 **'녹색, 강조6'**으로 채우기 합니다. ❶**B4부터 J4까지는 마우스로 드래그**하고, ❷**G14, I14셀은** Ctrl**을 누른 상태에서 클릭**하면 선택됩니다.

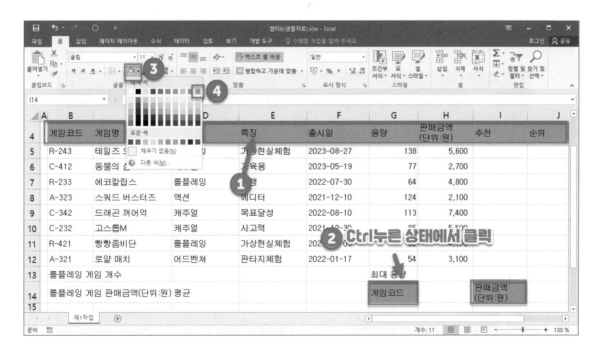

05 ❶B4부터 J14셀까지 모두 범위를 지정합니다. B4셀에 셀 포인터가 있으면 [Ctrl] + [Num*] (키보드 오른쪽 숫자패드에 있는 [*])를 누르면 입력된 모든 셀이 범위로 지정됩니다. 홈 메뉴의 ❷테두리를 클릭한 후 ❸모든 테두리를 선택해서 지정된 범위에 테두리를 적용시킵니다.

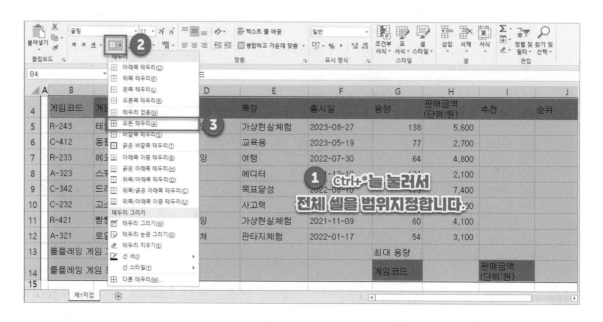

06 계속해서 ❶테두리 드롭다운을 클릭한 후, ❷굵은 바깥쪽 테두리를 클릭해서 굵은 테두리가 둘러지게 합니다.

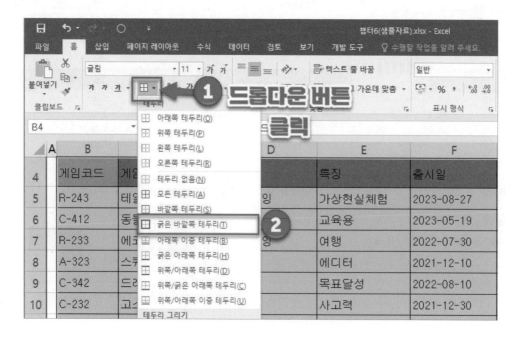

07 홈 메뉴의 맞춤 그룹에서 **가운데 맞춤**을 클릭해서 아래와 같이 가운데 정렬을 해 줍니다. 숫자와 회계는 오른쪽 맞춤을 해주도록 합니다(G5:H12는 오른쪽 맞춤, J13와 J14도 오른쪽 맞춤).

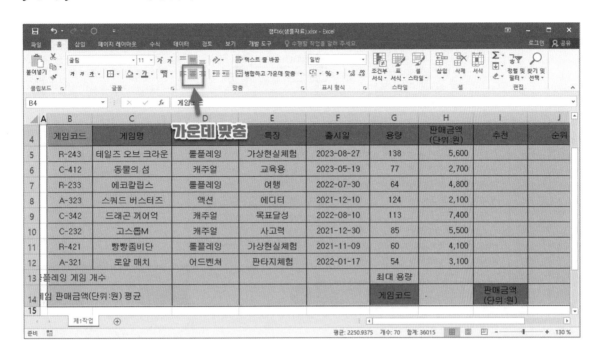

08 ❶B13:D13을 범위로 지정한 후 ❷**병합하고 가운데 맞춤**을 선택해서 셀병합을 합니다.

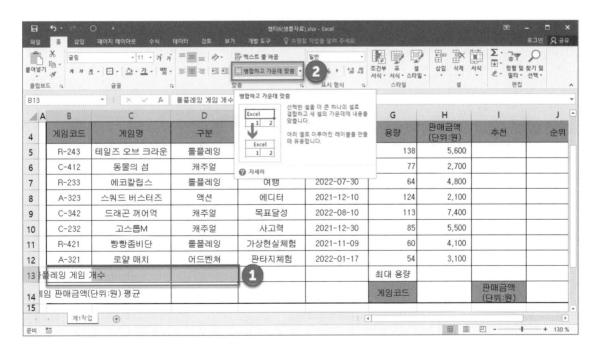

09 아래의 **❶B14:D14**를 범위로 지정한 후 **❷병합하고 가운데 맞춤**을 선택해서 셀병합을 합니다. **❸G13:I13**도 병합하고 가운데 맞춤을 선택합니다. 지금까지 작업 내용을 다른 이름으로 저장해서 파일명을 **"챕터6(결과자료)"**로 저장합니다.

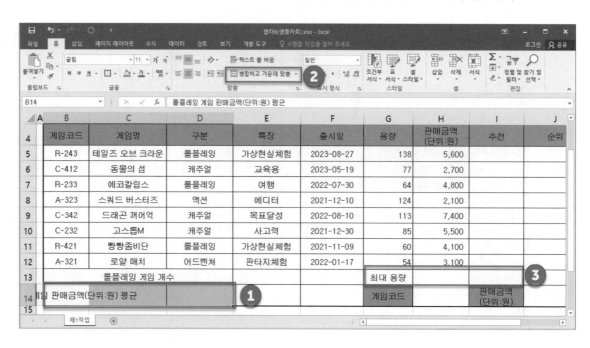

STEP **2** → **사용자 지정 서식 다루기**

01 **❶G5:G12**를 범위로 지정한 후 **❷마우스 우클릭**해서 **❸셀 서식**을 클릭합니다(단축키 Ctrl + 1).

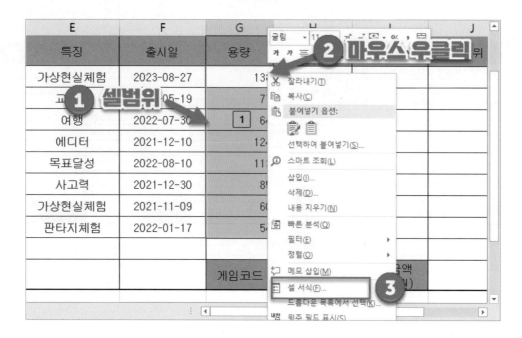

02 [표시 형식] 탭의 범주에서 **❶사용자 지정**을 선택한 후, 형식에서 **❷0"MB"**를 입력한 다음 **❸확인**을 클릭합니다.

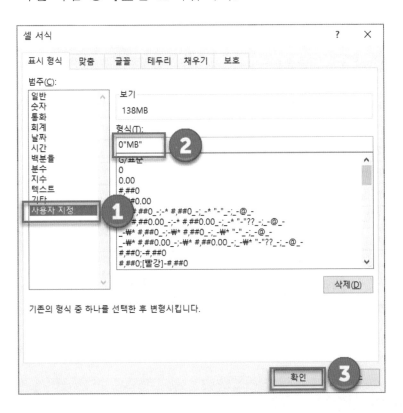

03 **❶H5:H12**를 범위로 지정한 후 리본메뉴 표시형식 그룹에서 **❷콤마**를 선택하면 회계형식 천단위마다 콤마가 정해집니다.

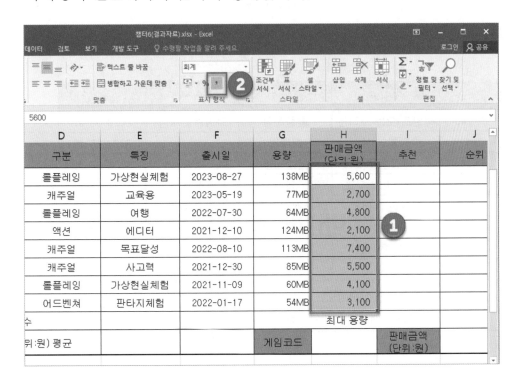

04 **F13:F14**를 범위로 지정한 후 **셀 병합**하고, 셀 서식의 테두리에서 **대각선을 적용**해 보세요.

E	F	G	H	I	J
특징	출시일	용량	판매금액 (단위:원)	추천	순위
가상현실체험	2023-08-27	138MB	5,600		
교육용	2023-05-19	77MB	2,700		
여행	2022-07-30	64MB	4,800		
에디터	2021-12-10	124MB	2,100		
목표달성	2022-08-10	113MB	7,400		
사고력	2021-12-30	85MB	5,500		
가상현실체험	2021-11-09	60MB	4,100		
판타지체험	2022-01-17	54MB	3,100		
		최대 용량			
		게임코드		판매금액 (단위:원)	

STEP 3 > 함수로 계산하기

01 E13 셀에 구분이 롤플레잉 게임인 **개수**를 구합니다(COUNTIF 함수 이용). **E13** 셀을 선택한 후 **=COUNTIF(D5:D12, "롤플레잉")**을 입력하고 Enter 를 누릅니다.

➡ **결과 : 3**

A	B	C	D	E	F
	게임코드	게임명	구분	특징	출시일
5	R-243	테일즈 오브 크라운	롤플레잉	가상현실체험	2023-08-27
6	C-412	동물의 섬	캐주얼	교육용	2023-05-19
7	R-233	에코칼립스	롤플레잉	여행	2022-07-30
8	A-323	스쿼드 버스터즈	액션	에디터	2021-12-10
9	C-342	드래곤 꺼어억	캐주얼	목표달성	2022-08-10
10	C-232	고스 =COUNTIF(D5:D12,"롤플레잉") 2-30
11	R-421	빵빵좀비단	롤플레잉	가상현실체험	2021-11-09
12	A-321	로얄 매치	어드벤처	판타지체험	2022-01-17
13	롤플레잉 게임 개수			=COUNTIF(D5:D12,"롤플레잉")	
14	롤플레잉 게임 판매금액(단위:원) 평균				
15					

제1작업

| 구문 | **=COUNTIF(조건범위, 조건)** |

인수
- 조건범위 : 셀의 개수를 세려는 참조 범위
- 조건 : 범위 안에서 찾으려는 조건(쌍따옴표 안에 입력)

참고사항
- COUNTIF 함수는 선택된 범위 안에서 '한가지 조건'을 만족하는 셀의 개수를 계산합니다.
- 조건 인수 중 숫자값이 아닌 모든 텍스트는 따옴표(") 안에 넣어야 합니다.
- 선택된 범위 안에서 '여러 가지 조건'을 만족하는 셀의 개수를 계산하려면 COUNTIFS 함수를 사용합니다.

02 E14 셀에 롤플레잉 게임 **판매금액 평균을 반올림**하여 **백원 단위**(예 : 4,722 → 4,700)로 구합니다(ROUND, DAVERAGE 함수 이용). **E14** 셀을 선택한 후, 먼저 **=DAVERAGE(B4:J12,7,D4:D5)**를 입력하고 Enter 를 누릅니다. ➡ **결과 : 4,833**

	B	C	D	E	F	G	H
4	게임코드	게임명	구분	특징	출시일	용량	판매금액 (단위:원)
5	①	테일즈 ② 크라운	롤 ③ 잉	가상 ④ 체험	20 ⑤ -27	⑥ MB	⑦ 00
6	C-412	동물의 섬	캐주얼	교육용	2023-05-19	77MB	2,700
7	R-233	에코칼립스	롤플레잉	여행	2022-07-30	64MB	4,800
8	A-323	스쿼드 버스터즈	액션	에디터	2021-12-10	124MB	2,100
9	C-342	드래곤 꺼어억	캐주얼	목표달성	2022-08-10	113MB	7,400
10	C-232	고스톱M	캐주얼	사고력	2021-12-30	85MB	5,500
11	R-421	빵빵좀비단	롤플레잉	가상현실체험	2021-11-09	60MB	4,100
12	A-321	로얄 매치	어드벤쳐	판타지체험	2022-01-17	54MB	3,100
13	롤플레잉 게임 개수			3			최대 용량
14	롤플레잉 게임 판매금액(단			=DAVERAGE(B4:J12,7,D4:D5)		게임코드	
15							

제1작업

03 반올림 함수(ROUND)를 사용해서 백원 단위로 구하기 위해서 **E14** 셀을 더블클릭한 후 **=ROUND(DAVERAGE(B4:J12,7,D4:D5),-2)**로 변경해서 입력한 다음 Enter 를 누릅니다. ➡ **결과 : 4,800**

C	D	E	F	G	H
테일즈 오브 크라운	롤플레잉	가상현실체험	2023-08-27	138MB	5,600
동물의 섬	캐주얼	교육용	2023-05-19	77MB	2,700
에코칼립스	롤플레잉	여행	2022-07-30	64MB	4,800
스쿼드 버스터즈	액션	에디터	2021-12-10	124MB	2,100
드래곤 꺼어억	캐주얼	목표달성	2022-08-10	113MB	7,400
고스톱M	캐주얼	사고력	2021-12-30	85MB	5,500
빵빵좀비					4,100
로얄 매치	어드벤쳐	판타지 체험	2022-01-17	54MB	3,100
롤플레잉 게임 개수		3			최대 용량
레잉 게임 판매금액(단위		=ROUND(DAVERAGE(B4:J12,7,D4:D5),-2)		게임코드	

=ROUND(DAVERAGE(B4:J12,7,D4:D5),-2)

구문   **=DAVERAGE(표, 필드, 조건)**

인수
- 표 : 데이터베이스나 표를 직접 범위로 지정하고, 반드시 필드와 값으로 이루어진 완벽한 데이터베이스 형태여야 합니다.
- 필드 : 평균을 구할 범위의 필드(항목) 순번입니다.
- 조건 : 항목명과 조건이 각각 입력된 범위로 윗셀은 항목, 아래셀은 조건값이 있는 범위입니다.

구문	**=ROUND(숫자, 자리수)**

인수	• 숫자 : 반올림할 숫자
	• 자리수 : 숫자를 반올림할 자리수(양수, 음수를 사용)

참고사항	• 자리수가 "0"이면 가장 가까운 정수로 반올림합니다.
	(예 : 12.3 → 12, 100.9 → 101)
	• 자리수가 "음수"이면 소수점 윗 자리수에서 반올림합니다.
	(예 : 자리수가 -2일 때 1010 → 1000, 1290 → 1300)
	• 자리수가 "양수"이면 소수점 아랫 자리수에서 반올림합니다.
	(예 : 자리수가 2일 때 1.13 → 1.1, 1.29 → 1.3)

1,234,567.00000

↑

...-3-2-1 1,2,3...

04 I5 셀에 게임코드의 마지막 값이 **1이면 '인기작', 2이면 '할인중', 3이면 '가족용'**으로 표시합니다(CHOOSE, RIGHT 함수 이용). I5 셀을 선택한 후 **=CHOOSE(RIGHT(B5,1),"인기작","할인중","가족용")**을 입력하고 Enter 를 누릅니다. ➡ **결과 : 가족용**

	A	B	C	G	H	I	J	K
4		게임코드	게임명	용량	판매금액 (단위:원)	추천	순위	
5		R-243	테일즈 오브 크라운		=CHOOSE(RIGHT(B5,1),"인기작","할인중","가족용")			
6		C-412	동물의 섬	77MB	700			
7		R-233	에코칼립스	64MB	4,800			
8								
9		C-342	드래곤 꺼어억	113MB	7,400			
10		C-232	고스톱M	85MB	5,500			
11		R-421	빵빵좀비단	60MB	4,100			
12		A-321	로얄 매치	54MB	3,100			
13			롤플레잉 게임 개		최대 용량			
14		롤플레잉 게임 판매금액(단		게임코드		판매금액 (단위:원)		
15								

=CHOOSE(RIGHT(B5,1),"인기작","할인중","가족용")

05

I5 셀을 클릭해서 셀 오른쪽 아래에 있는 **채우기 포인터**에 마우스를 올린 후 **I12 셀까지 드래그**해서 내용을 채우기 합니다.

E	F	G	H	I	J
특징	출시일	용량	판매금액 (단위:원)	추천	순위
가상현실체험	2023-08-27	138MB	5,600	가족용	
교육용	2023-05-19	77MB	2,700		
여행	2022-07-30				
에디터	2021-12-10	124MB	2,100		
목표달성	2022-08-10				
사고력	2021-12-30	85MB	5,500		
가상현실체험	2021-11-09	60MB	4,100		
판타지체험	2022-01-17	54MB	3,100		
3		최대 용량			
4,800		게임코드		판매금액 (단위:원)	

채우기 포인터를 I12까지 드래그

구문	**=CHOOSE(색인번호, 값1, 값2, 값3,...)**

인수
- 색인번호 : 선택될 셀이나 값을 지정합니다. 1부터 254 사이의 숫자를 지정할 수 있습니다.
- 값 : 색인번호에 따라 출력할 값을 지정합니다. 값1은 반드시 들어가야 하며, 값2부터는 선택적입니다.

참고사항
- 색인번호가 1보다 작거나 또는 입력된 값의 종류보다 더 큰 수의 색인번호가 입력될 경우 #VALUE! 오류를 반환합니다.

구문	**=RIGHT(문자열, 글자수)**

인수
- 문자열 : 추출할 문자가 입력된 텍스트 문자열입니다.
- 글자수 : 추출할 문자의 개수이며, 기본값은 1입니다.

참고사항
- 문자열의 마지막 문자부터 원하는 개수의 문자열을 반환합니다.
- 글자수의 기본값은 1이며 반드시 0보다 큰 양수여야 합니다.
- 글자수가 0보다 작을 경우 #VALUE! 오류를 반환합니다.

06 J5 셀에 **판매금액의 내림차순 순위를 구한 결과값에 '위'**(예 : 1위)를 붙입니다 (RANK.EQ 함수, & 연산자 이용). **J5 셀을 선택한 후 =RANK.EQ(H5,$H$5:$H$12,0)&"위"**을 입력하고 `Enter`를 누릅니다. ➡ **결과 : 2위**

G	H	I	J	K	L	M
용량	판매금액 (단위:원)	추천	순위			
138MB	5,600		=RANK.EQ(H5,$H$5:$H$12,0)&"위"			
77MB	2,700	할인중				
64MB	4,800	가족용				
124MB	2,1					
113MB	7,400	할인중				
85MB	5,500	할인중				
60MB	4,100	인기작				
54MB	3,100	인기작				
	최대 용량					
게임코드		판매금액 (단위:원)				

=RANK.EQ(H5,$H$5:$H$12,0)&"위"

07 **J5 셀을 클릭해서 셀 오른쪽 아래에 있는 채우기 포인터에 마우스를 올린 후 J12 셀까지 드래그**해서 내용을 채우기 합니다.

A	B	C	G	H	I	J	K
4	게임코드	게임명	용량	판매금액 (단위:원)	추천	순위	
5	R-243	테일즈 오브 크라운	138MB	5,600	가족용	2위	
6	C-412	동물의 섬	77MB	2,700	할인중	7위	
7	R-233	에코칼립스	64MB	4,800	가족용	4위	
8	A-323	스쿼드 버스터즈	124MB	2,100	가족용	8위	
9	C-342	드래곤 꺼어억	113MB	7,400	할인중	1위	
10	C-232	고스톱M	85MB	5,500	할인중	3위	
11	R-421	빵빵좀비단	60MB	4,100	인기작	5위	
12	A-321	로얄 매치	54MB	3,100	인기작	6위	
13		롤플레잉 게임 개		최대 용량			
14		롤플레잉 게임 판매금액(단	게임코드			판매금액 (단위:원)	
15							

제1작업

구문	=RANK.EQ(값, 범위, 순위방향)

인수	• 값 : 순위를 구하려는 값
	• 범위 : 값의 순위를 구할 대상 범위로, 숫자 이외의 값은 무시하고 순위를 계산합니다.
	• 순위방향 : 순위를 결정하는 값으로 0은 내림차순, 1은 오름차순으로 정렬합니다.

참고사항	• RANK.EQ 함수의 기본 순위방향은 '내림차순'입니다.
	• 오름차순으로 정렬하려면 순위방향을 1로 입력합니다.
	• RANK.EQ 함수는 범위 내 중복값(중복 순위)이 있을 경우 동일한 순위를 반환하며, 이후 순위에 영향을 줍니다. 예를 들어, {1,3,3,5} 에서 3은 '2위'이며 5는 '4위'로 계산됩니다.

08 J13 셀에 **최대값**을 구하는 함수를 이용하여 **=MAX(G5:G12)**를 입력하고 `Enter` 를 누릅니다. ➡ **결과 : 138**

F	G	H	I	J	K
출시일	용량	판매금액 (단위:원)	추천	순위	
2023-08-27	138MB	5,600	가족용	2위	
2023-05-19	77MB	2,700	할인중	7위	
2022-07-30	64MB	4,800	가족용	4위	
2021-12-10	124MB	2,100	가족용	8위	
2022-08-10	113MB	7,400	할인중	1위	
2021-12-30	85MB	5,500			
2021-11-09	60MB	4,100	인기작	5위	
2022-01-17	54MB	3,100	인기작	6위	
✕		최대 용량		=MAX(G5:G12)	
	게임코드		판매금액 (단위:원)		

=MAX(G5:G12)

09 H14 셀에 게임코드를 목록으로 선택할 수 있도록 합니다. ❶H14 셀을 클릭한 후 데이터 메뉴에서 ❷데이터 유효성 검사를 선택한 다음 제한대상을 ❸목록으로 변경하고 ❹원본 입력상자에 클릭한 후 ❺B5:B12까지 범위를 지정한 후 ❻확인을 누릅니다.

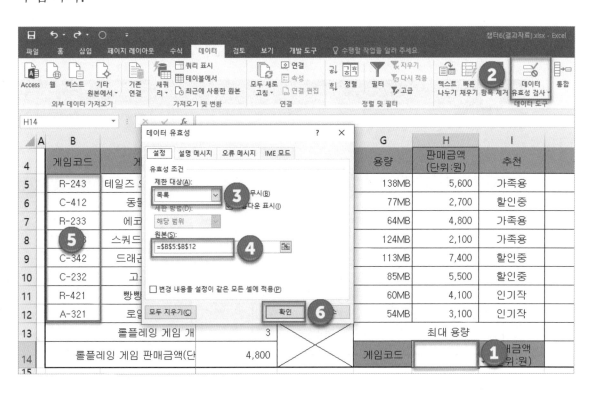

10 H14 셀에 목록단추가 표시됩니다. 여기에서 선택한 게임코드의 판매금액을 구하기 위해 **J14** 셀에 **=VLOOKUP(H14,B5:J12,7,0)**을 입력하고 Enter 를 누릅니다. H14 셀에서 목록단추로 코드를 선택해 확인해 보세요.

	게임코드	게임명	구분	특징	출시일	용량	판매금액(단위:원)	추천	순위
4	게임코드	게임명	구분	특징	출시일	용량	판매금액(단위:원)	추천	순위
5	R-243	테일즈 오브 크라운	롤플레잉	가상현실체험	2023-03-27	138MB	5,600	가족용	3위
6	C-412	동물의 섬	캐주얼	교육용	2023-05-19	77MB	2,700	할인중	7위
7	R-233	에코칼립스	롤플레잉	여행	2022-07-30	64MB	4,800	가족용	4위
8	A-323	스쿼드 버스터즈	액션	에디터	2021-12-10	124MB	2,100	가족용	8위
9	C-342	드래곤 꺼어억	캐주얼	목표달성	2022-08-16	113MB	7,400	할인중	1위
10	C-232	고스톱M	캐주얼			85MB	5,500	할인중	2위
11	R-421	빵빵좀비단	롤플레잉	가상현실체험	2021-11-09	60MB	4,100	인기작	5위
12	A-321	로얄 매치	어드벤쳐	판타지체험	2022-01-17	54MB	3,100	인기작	6위
13	롤플레잉 게임 개수			3			최대 용량		138
14	롤플레잉 게임 판매금액(단위:원) 평균			4,800			게임코드	C-412	=VLOOKUP(H14,B5:J12,7,0)

=VLOOKUP(H14,B5:J12,7,0)

※ H14 범위를 지정한 7번째에 표시할 값이 있고, 0은 정확한 값을 찾아서 나타내는 것입니다.

01 판매금액이 '5,000' 이상인 행 전체에 **글꼴 : 빨강, 굵게** 서식을 적용하려면, ❶ **B5:J12** 셀 범위로 지정한 후 ❷**홈** 메뉴에서 ❸**조건부 서식**을 선택해서 ❹**새 규칙**을 클릭합니다.

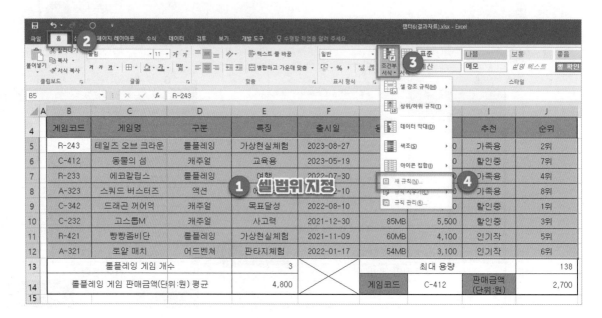

02 대화상자가 나오면 ❶**수식을 사용하여 서식을 지정할 셀 결정**을 선택한 후, ❷ **=$H5>=5000**을 입력한 다음 ❸**서식** 버튼을 클릭합니다.

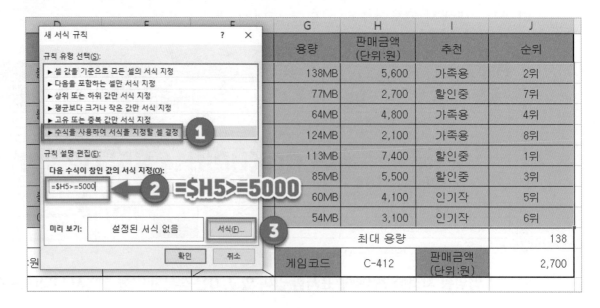

03 셀 서식 대화상자에서 ❶**글꼴** 탭을 선택하고, 글꼴 스타일은 ❷**굵게**를 선택, 색은 ❸**빨강**으로 변경한 후 ❹**확인**을 선택한 다음 새 서식 규칙 대화상자로 복귀되면 **확인**을 클릭합니다.

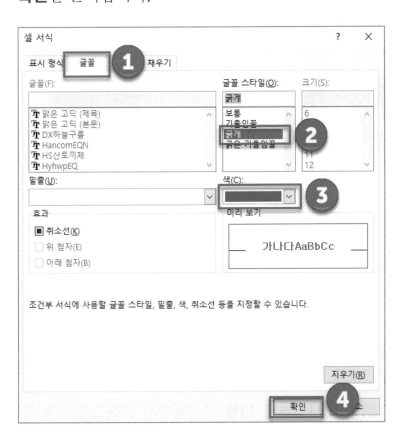

04 아래와 같이 5000원 이상인 항목에 빨간색으로 적용된 것을 확인할 수 있습니다. 판매금액을 5000원 미만으로 수정하거나, 5000원 미만인 항목을 5000원이 넘게 변경해 보고 자동으로 서식이 지정되는 것을 확인해 보세요.

A	B	C	D	E	F	G	H	I	J
4	게임코드	게임명	구분	특징	출시일	용량	판매금액 (단위:원)	추천	순위
5	R-243	테일즈 오브 크라운	롤플레잉	가상현실체험	2023-08-27	138MB	5,600	가족용	2위
6	C-412	동물의 섬	캐주얼	교육용	2023-05-19	77MB	2,700	할인중	7위
7	R-233	에코칼립스	롤플레잉	여행	2022-07-30	64MB	4,800	가족용	4위
8	A-323	스쿼드 버스터즈	액션	에디터	2021-12-10	124MB	2,100	가족용	8위
9	C-342	드래곤 꺼어억	캐주얼	목표달성	2022-08-10	113MB	7,400	할인중	1위
10	C-232	고스톱M	캐주얼	사고력	2021-12-30	85MB	5,500	할인중	3위
11	R-421	빵빵좀비단	롤플레잉	가상현실체험	2021-11-09	60MB	4,100	인기작	5위
12	A-321	로얄 매치	어드벤쳐	판타지체험	2022-01-17	54MB	3,100	인기작	6위
13	롤플레잉 게임 개수			3			최대 용량		138
14	롤플레잉 게임 판매금액(단위:원) 평균			4,800			게임코드	C-412	판매금액 (단위:원) 2,700

01 B1 셀을 선택한 후 ❶**삽입** 메뉴의 일러스트레이션 그룹에서 ❷**도형**을 클릭하고 ❸**모서리가 둥근 사각형**을 선택합니다.

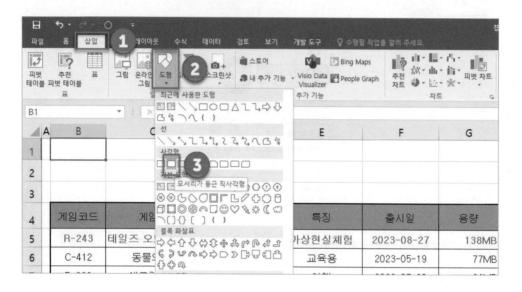

02 Alt 를 누른 상태에서 **B1셀 모서리부터 J3셀 모서리까지 드래그**해서 도형을 그려 줍니다. 도형을 그리거나 이동할 때 Alt 를 누르면 셀 경계에 달라붙어서 그려주 는데, 이런 기능을 스냅(snap) 기능 또는 자석(magnetic) 기능이라고 합니다.

게임코드	게임명		특징	출시일	용량	판매금액 (단위:원)	추천	순위
R-243	테일	드래그하면 셀에 붙어서 그려집니다	08-27	138MB	5,600	가족용	2위
C-412	동물의 섬	캐주얼	교육용	2023-05-19	77MB	2,700	할인중	7위
R-233	에코칼립스	롤플레잉	여행	2022-07-30	64MB	4,800	가족용	4위
A-323	스쿼드 버스터즈	액션	에디터	2021-12-10	124MB	2,100	가족용	8위
C-342	드래곤 꺼이억	캐주얼	목표달성	2022-08-10	113MB	7,400	할인중	1위
C-232	고스톱M	캐주얼	사고력	2021-12-30	85MB	5,500	할인중	3위
R-421	빵빵좀비단	롤플레잉	가상현실체험	2021-11-09	60MB	4,100	인기작	5위
A-321	로얄 매치	어드벤처	판타지체험	2022-01-17	54MB	3,100	인기작	6위
	롤플레잉 게임 개수		3			최대 용량		138
	롤플레잉 게임 판매금액(단위:원) 평균		4,800			게임코드	C-412	판매금액 (단위:원)	2,700

03 도형이 선택된 상태에서 **"스마트폰 유료 게임 현황"**을 입력한 후, Esc를 눌러서 입력을 빠져나온 다음 아래와 같이 글꼴 크기는 ❶**"32"**, 수직, 수평을 ❷**가운데 맞춤**으로 설정합니다.

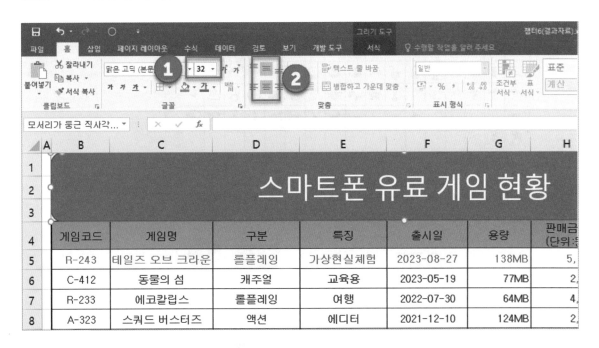

04 글상자 안의 "스마트폰 유료 게임 현황"이라는 ❶**글자 앞을 클릭**해 커서를 이동하고 ❷**삽입** 메뉴를 클릭한 후 리본메뉴 오른쪽 끝에 있는 ❸**기호**를 클릭합니다.

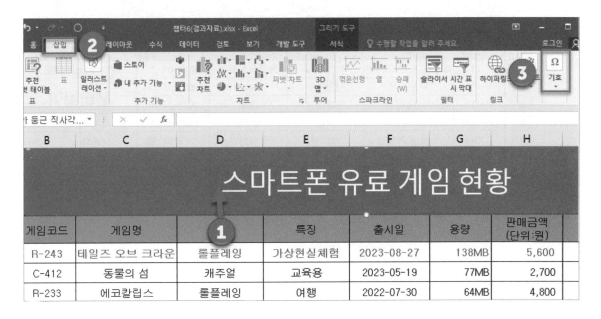

05 글꼴을 **①Webdings**로 변경한 후 **②스마트폰 기호**를 선택하고 **③삽입** 버튼을 클릭합니다.

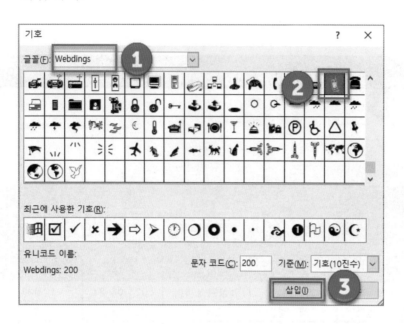

06 삽입된 기호를 블록 지정하고 Ctrl + C 를 눌러서 **복사**한 후, 커서를 맨 뒤로 이동한 다음 Ctrl + V 를 눌러서 **붙여넣기**를 합니다.

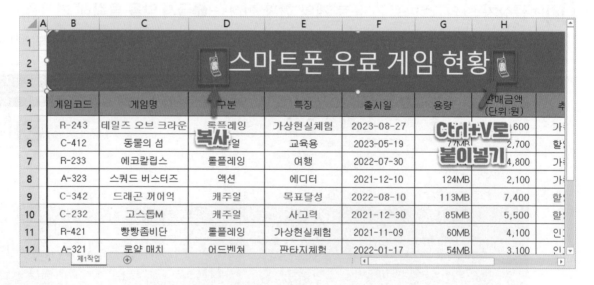

07 ❶**글상자** 빈 곳을 클릭해 선택한 후 ❷**서식** 메뉴에서 도형스타일의 ❸**도형 채우기** 드롭다운을 클릭한 후 ❹**적당한 녹색계열**을 선택합니다.

08 도형 아래쪽 중앙의 조절점을 위로 드래그해 도형의 세로 크기를 변경합니다. 지금까지 완성된 문서를 저장합니다.

게임코드	게임명	구분	특징	출시일	용량	판매금액 (단위:원)	추천	순위
R-243	테일즈 오브 크라운	롤플레잉	가상현실체험	2023-08-27	138MB	5,600	가족용	2위
C-412	동물의 섬	캐주얼	교육용	2023-05-19	77MB	2,700	할인중	7위
R-233	에코칼립스	롤플레잉	여행	2022-07-30	64MB	4,800	가족용	4위
A-323	스쿼드 버스터즈	액션	에디터	2021-12-10	124MB	2,100	가족용	8위
C-342	드래곤 꺼어억	캐주얼	목표달성	2022-08-10	113MB	7,400	할인중	1위
C-232	고스톱M	캐주얼	사고력	2021-12-30	85MB	5,500	할인중	3위
R-421	빵빵좀비단	롤플레잉	가상현실체험	2021-11-09	60MB	4,100	인기작	5위
A-321	로얄 매치	어드벤처	판타지체험	2022-01-17	54MB	3,100	인기작	6위
롤플레잉 게임 개수			3		최대 용량			138
롤플레잉 게임 판매금액(단위:원) 평균			4,800		게임코드	C-412	판매금액 (단위:원)	2,700

엑셀에서
차트로 시각화하기

차트를 이용하면 데이터를 시각화하여 자료를 한눈에 파악할 수 있습니다. 여기에서는 앞 과정에서 작성한 데이터를 기준으로 차트를 작성하고 편집하는 방법을 배웁니다. ITQ 엑셀 자격증의 제4작업에서 다루어지는 내용입니다.

결과화면 미리보기

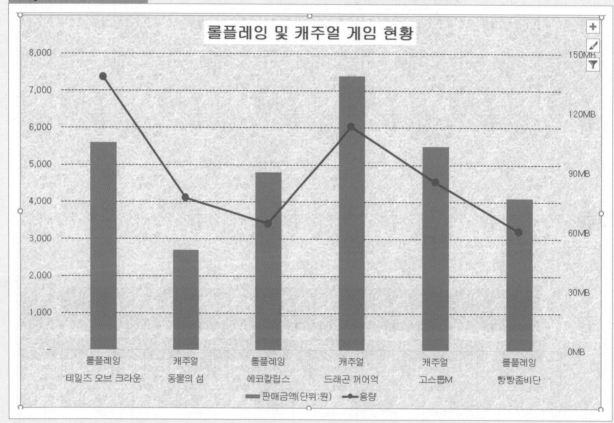

무엇을 배울까?

❶ 새로운 시트로 차트 만들기
❷ 사용자 지정 서식 다루기

01 롤플레잉과 캐주얼만 차트로 만들기 위해 **❶C4:D7**을 범위로 지정한 후 **Ctrl**을 누른 상태에서 **❷C9:D11, ❸G4:H7, ❹G9:H11** 범위를 차례로 지정합니다.

게임명	구분	특징	출시일	용량	판매금액 (단위:원)	추천
테일즈 오브 크라운	롤플레잉	가상현실체험	2023-08-27	138MB	5,600	가족용
동물의 섬	캐주얼	교육용	2023-05-19	77MB	2,700	할인중
에코칼립스	롤플레잉	여행	2022-07-30	64MB	4,800	가족용
스쿼드 버스터즈	액션	에디터	2021-12-10	124MB	2,100	가족용
드래곤 꺼어억	캐주얼	목표달성	2022-08-10	113MB	7,400	할인중
고스톱M	캐주얼	사고력	2021-12-30	85MB	5,500	할인중
빵빵좀비단	롤플레잉	가상현실체험	2021-11-09	60MB	4,100	인기작
로얄 매치	어드벤쳐	판타지체험	2022-01-17	54MB	3,100	인기작
롤플레잉 게임 개수			3	최대 용량		
롤플레잉 게임 판매금액(단위:원) 평균			4,800	게임코드	C-412	판매금액 (단위:원)

02 **❶삽입** 메뉴에서 **❷추천 차트**를 클릭합니다.

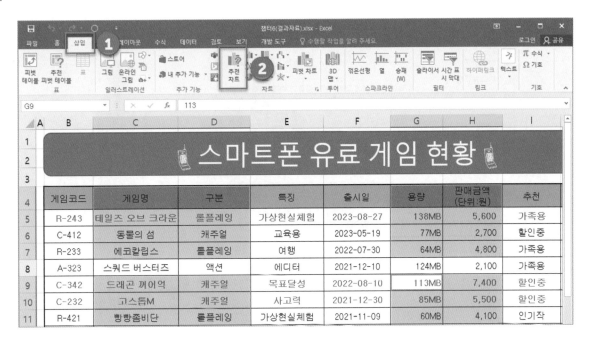

03 **❶모든 차트** 탭을 클릭한 후 가장 끝에 있는 **❷콤보**를 선택합니다.

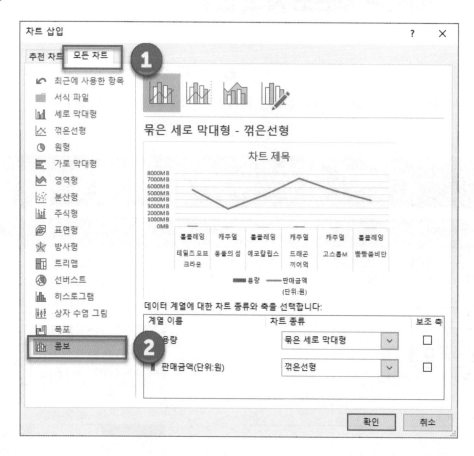

04 용량의 **❶차트 종류**는 **❷표식이 있는 꺾은선형**으로 변경한 후 **❸보조 축**을 체크합니다.

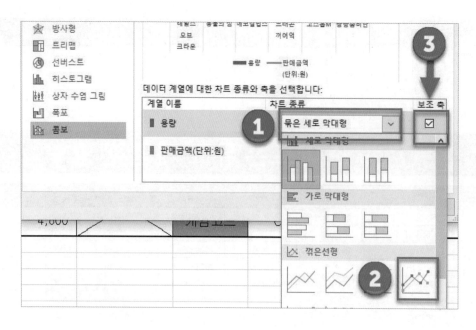

05 판매금액(단위:원)은 ❶**묶은 세로 막대형**으로 변경한 후 ❷**확인**을 클릭합니다.

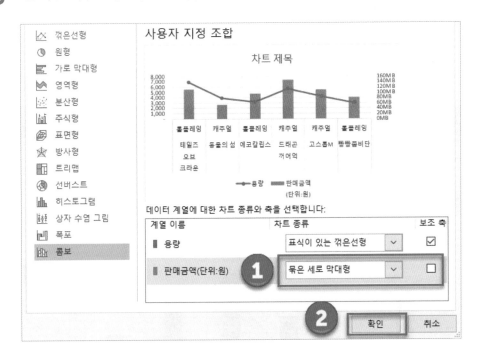

06 ❶**차트 이동**을 클릭한 후 ❷**새 시트**를 클릭해서 **"제4작업"**이라고 입력한 다음 ❸
확인을 클릭합니다.

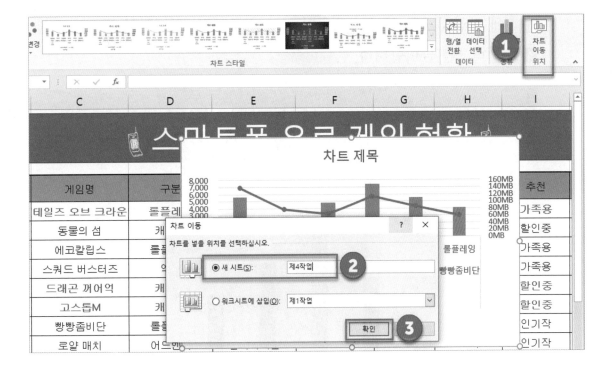

01 ❶차트 영역을 클릭한 후 홈 메뉴에서 ❷글꼴을 굴림, 11pt로 변경합니다.

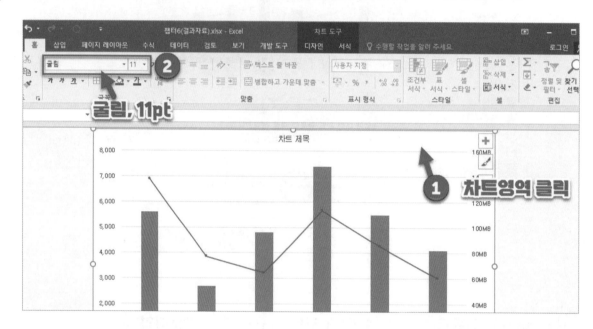

02 ❶서식 메뉴를 클릭한 후 리본메뉴 처음에 있는 ❷선택 영역 서식을 클릭한 다음 우측에 작업창이 펼쳐지면 채우기 항목의 ❸그림 또는 질감 채우기를 클릭한 후 ❹질감 버튼을 클릭합니다.

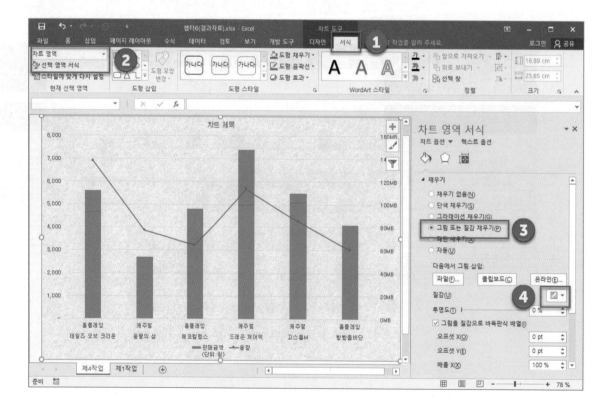

03 파랑 박엽지를 클릭합니다.

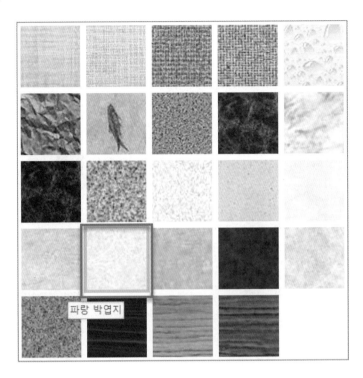

파랑 박엽지

04 차트 제목에 ❶"롤플레잉 및 캐주얼 게임 현황"을 입력한 후 [Esc]를 눌러 입력을 빠져나온 다음 홈 메뉴에서 ❷굴림, 20pt, 굵게로 변경합니다.

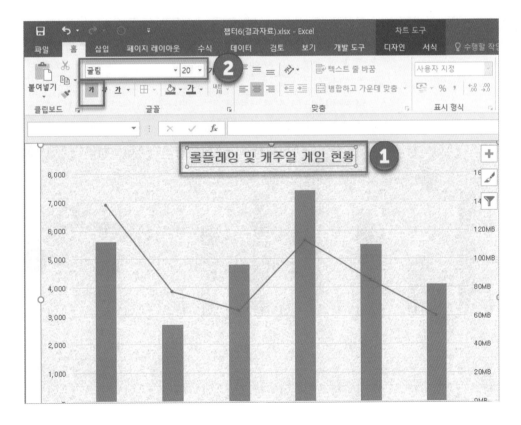

05 오른쪽 차트 제목 서식 창에서 채우기는 **❶단색 채우기**를 선택하고, 색은 **❷흰색,
배경1**을 선택합니다.

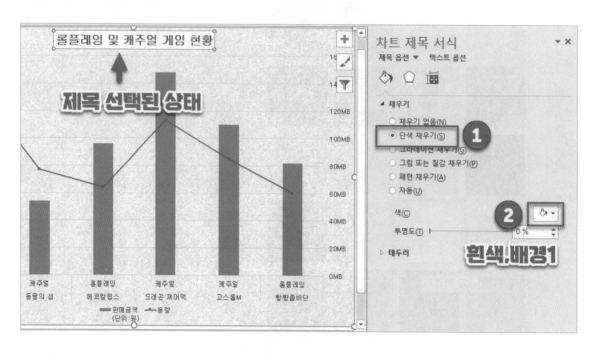

06 **❶꺾은선** 그래프를 선택한 후, 데이터 계열 서식 창에서 **❷실선**을 선택하고 **❸파
랑색**으로 변경합니다.

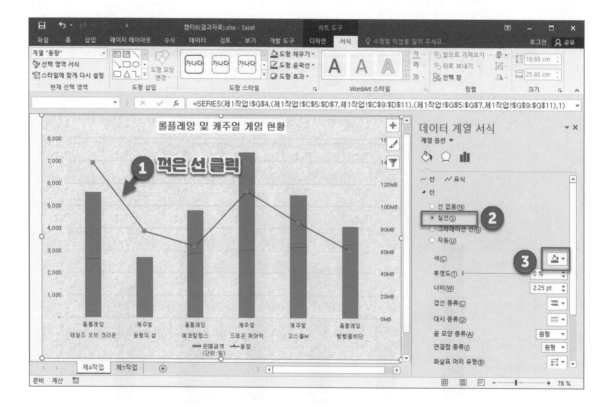

07 데이터 계열 서식 창에서 ❶표식을 클릭한 후 **표식 옵션**을 펼쳐보면 ❷크기를 "10"으로 변경합니다.

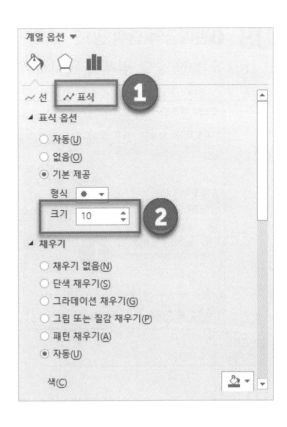

08 ❶범례를 클릭한 후 리본메뉴에서 ❷**데이터 선택**을 클릭합니다. 마우스 우클릭해서 데이터 선택을 클릭해도 동일한 화면이 나옵니다.

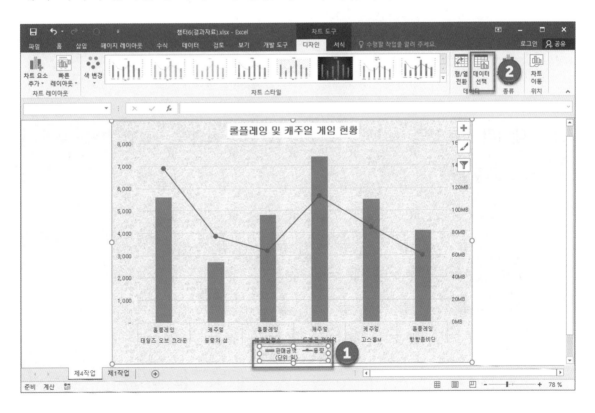

09 ❶**판매금액(단위:원)**을 클릭한 후 ❷**편집**을 클릭합니다. 이러한 작업을 하는 이유는 한 줄로 범례를 표시하기 위한 것입니다.

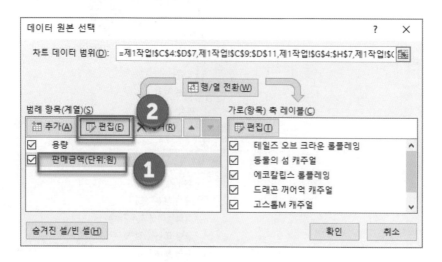

10 계열 이름에 **"판매금액(단위:원)"**을 입력한 후 **확인**을 클릭합니다.

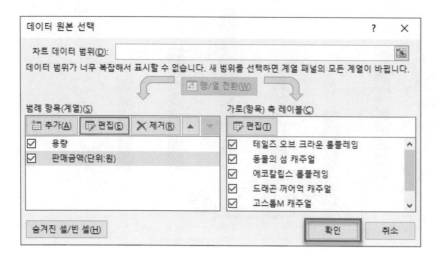

11 **데이터 원본 선택** 대화상자로 복귀되면 다시 **확인**을 클릭합니다.

12 ❶**보조 축**을 더블클릭하면 축 서식 창이 오른쪽에 나옵니다. **축 옵션**의 단위에서
주눈금을 ❷**"30"**으로 입력한 후 [Enter]를 눌러서 변경합니다.

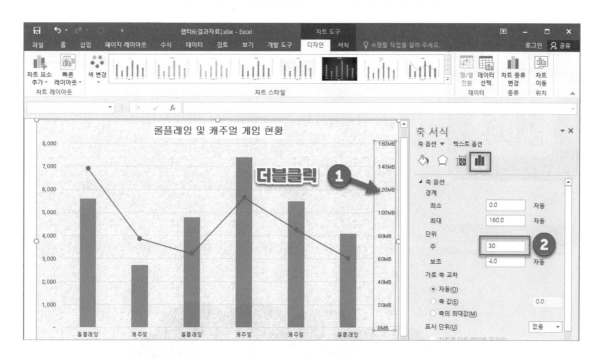

13 ❶**서식** 메뉴를 선택한 후 ❷**차트 요소** 드롭다운 버튼을 클릭해서 ❸**세로 (값) 축
주 눈금선**을 선택합니다. 주 눈금선 서식 창에서 ❹**채우기**를 선택한 후 ❺**실선**을
선택한 다음 ❻**대시종류를 파선**으로 변경해 완성합니다.

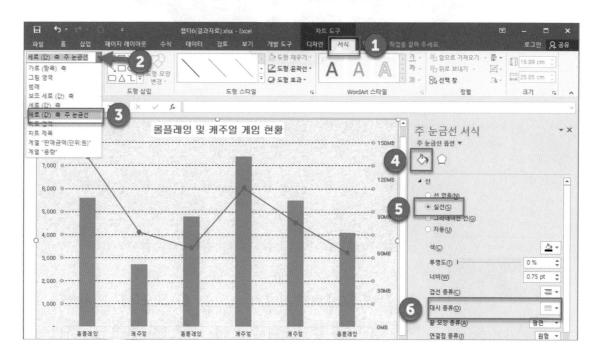

CHAPTER

08

파워포인트로 팝아트 만들기

파워포인트는 발표용 프레젠테이션 자료를 만드는데 주로 사용하지만 다양한 생활 문서를 만들기에 매우 유용합니다. 여기에서는 팝아트(캘리그래피)를 만들면서 파워포인트의 특징인 개체 다루는 방법을 익혀 보겠습니다.

 결과화면 미리보기

 무엇을 배울까?

❶ 공유마당 폰트 설치하기
❷ 워드아트 만들기

❸ 워드아트 변환하기
❹ 워드아트 그라데이션 꾸미기

01 구글 크롬 브라우저를 실행한 후 ❶"**공유마당**"을 검색하여 ❷**무료폰트**를 클릭합니다.

02 ❶**민간 안심글꼴(OFL)**을 클릭한 다음 **학교안심 몽글몽글 R**을 찾은 후 ❷**바로가기**를 클릭합니다.

03 화면 하단의 ❶**이 공유저작물의 이용범위를 숙지하고 동의합니다.**를 체크한 후 ❷
공유저작물 다운로드를 클릭합니다.

04 ❶**ttf 파일만 체크**한 후 ❷**다운로드**를 클릭합니다(설문조사 화면이 나올 수 있는
데, 간단한 설문조사를 하면 아래와 같은 다운로드 창이 열립니다). 필요하다면
저작권에 관한 사항은 한 번씩 읽어 보세요.

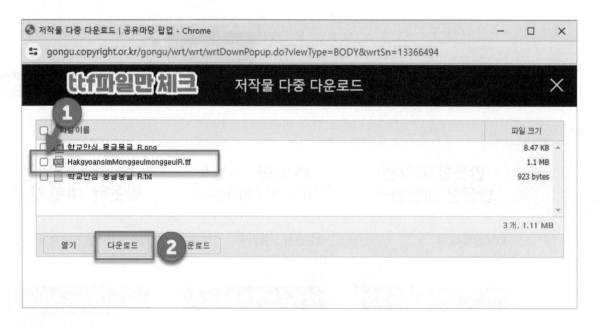

05 열려있는 모든 창을 닫은 후 바탕화면의 **내 PC**를 실행하거나, 작업표시줄에 **파일탐색기**를 실행하여 **다운로드 폴더**로 이동한 후 다운로드한 파일을 더블클릭합니다.

06 폰트 설치창에서 **설치** 버튼을 클릭하면 폰트 설치가 진행된 후, 다시 현재 보이는 창이 나오게 됩니다. 모든 창을 닫은 후 파워포인트를 실행합니다. 파워포인트를 실행한 상태에서는 설치한 폰트가 보이지 않으므로 **파워포인트를 다시 실행해야 합니다.**

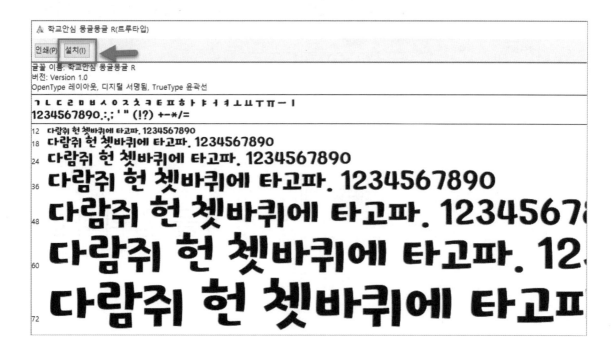

01 파워포인트를 실행한 후, **새 프레젠테이션**을 클릭합니다.

02 홈 메뉴에서 ❶**레이아웃**을 클릭하고 ❷**빈 화면**을 선택합니다.

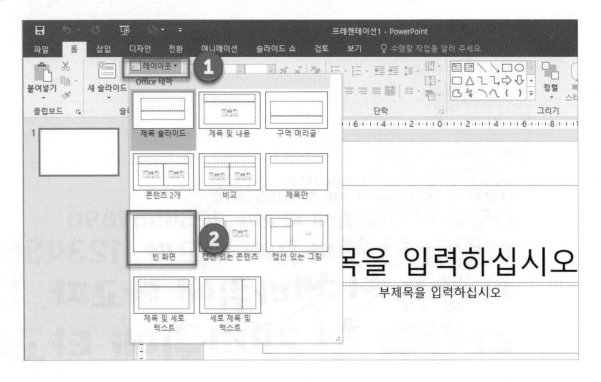

03 ❶삽입 메뉴를 클릭한 후 리본메뉴의 텍스트 그룹에 있는 ❷WordArt(워드아트)
를 클릭하여 갤러리가 나오면 ❸채우기-검정, 텍스트1, 윤곽선을 클릭합니다.

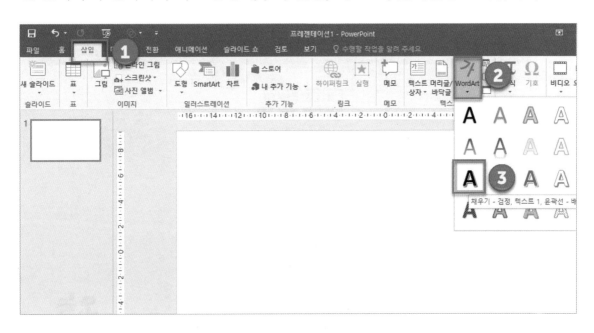

04 "필요한 내용을 적으십시오."가 보이면 캘리그래피 내용인 ❶"오늘"을 입력한 후
Esc 를 눌러서 입력 상태를 빠져나옵니다. ❷홈 메뉴를 클릭합니다.

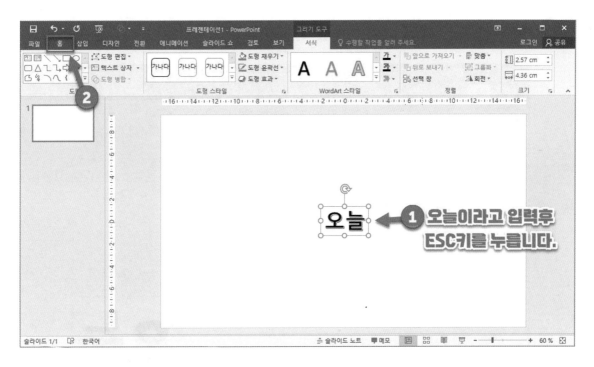

05 ❶글꼴 드롭다운 버튼을 클릭한 후 앞에서 설치한 ❷학교안심 몽글몽글 R을 찾아서 클릭합니다(한글폰트는 아래쪽에 위치하고, 오름차순으로 보입니다).

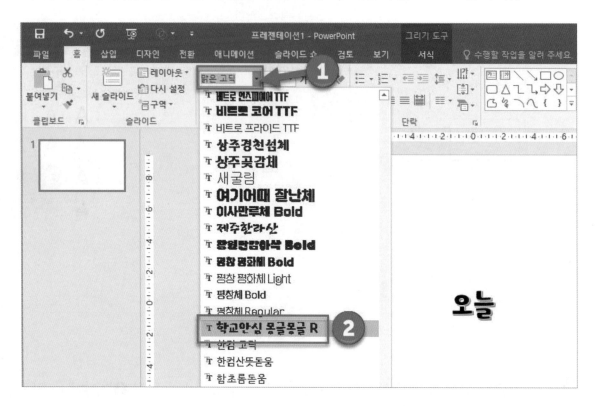

06 글꼴 크기를 "138"로 변경해서 글자를 크게 만들어줍니다.

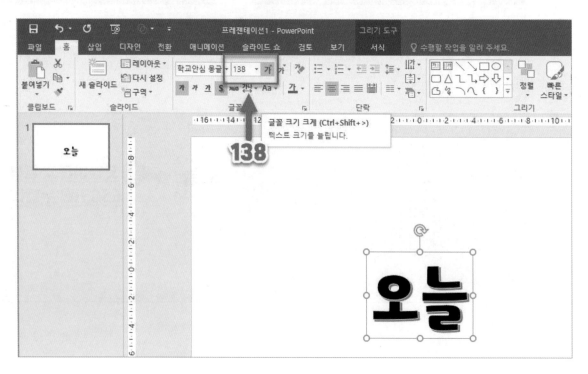

07 [오늘] 개체가 선택된 상태에서 Ctrl+D 를 눌러 **복제**한 후 아래와 같이 배치한 다음 글자를 **"은"으로 변경**합니다.

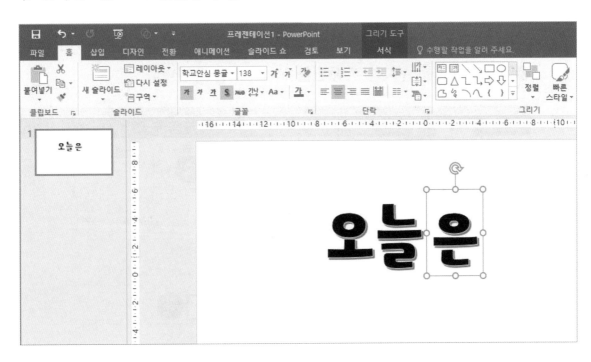

08 다시 한번 [오늘] 개체를 선택한 후, Ctrl+D 를 눌러 **복제**한 다음 아래와 같이 **"휴무입니다"로 변경**하고 위치를 적당히 이동합니다.

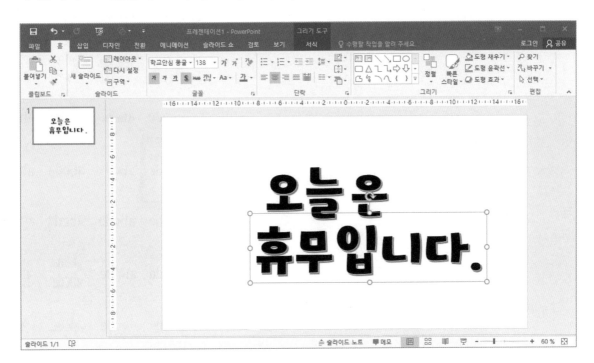

※ 커서가 있으면 개체를 이동하지 못하므로 Esc 를 눌러서 편집 상태를 빠져나가서 작업합니다.

01 [휴무입니다] 개체가 선택된 상태에서 **①서식** 메뉴의 WordArt 스타일 그룹에서 **②텍스트 효과**를 클릭한 후 **③변환**에 마우스를 올립니다.

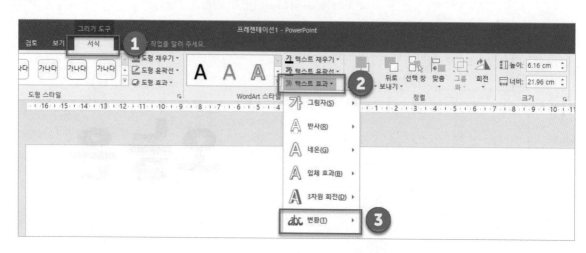

02 휘기 그룹에서 **물결1**을 찾아서 클릭합니다.

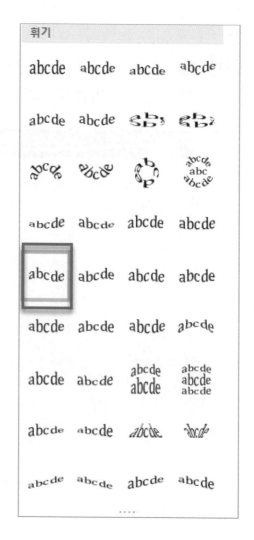

03 아래와 같이 크기를 줄여준 후 위쪽의 워드아트와 어울리게 배치하고 마침표를 지워봅니다.

04 변환을 이용하면 다양한 효과를 낼 수 있습니다. **텍스트 효과**를 클릭한 후 **변환**에 마우스를 올린 다음 휘기 그룹에서 **오른쪽 줄이기**를 찾아서 클릭합니다.

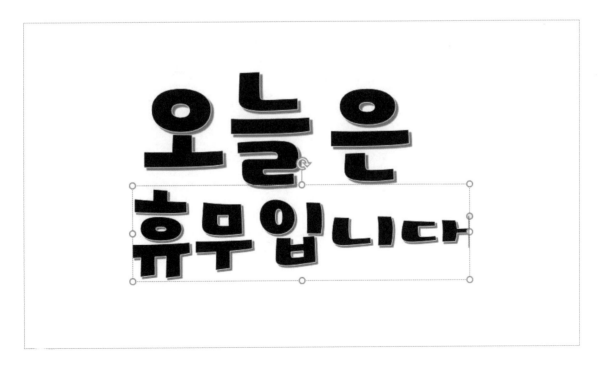

01 [오늘] 개체의 테두리에 ❶마우스 우클릭을 한 후, ❷도형 서식을 클릭합니다.

02 도형 서식 창에서 ❶텍스트 옵션을 클릭한 후
텍스트 채우기를 펼쳐서 ❷그라데이션 채우기
를 체크합니다.

03 종류를 ❶선형으로, ❷첫 번째 그러데이션 중지점을 클릭한 후 ❸색 버튼을 클릭합니다. 표준 색에서 **빨강**을 선택합니다.

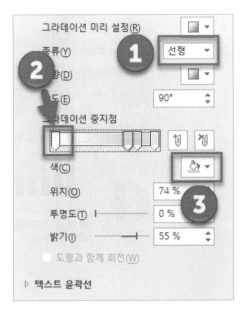
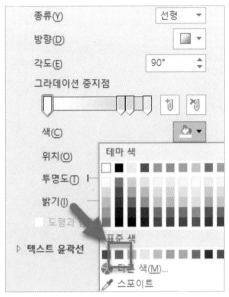

04 ❶두 번째 중지점을 선택하고, ❷빨강, 밝기 58%로 조절합니다. ❸세 번째 중지점을 선택하고, ❹빨강, 밝기 80%로 변경합니다. 빨강색에서 흰색으로 변해가도록 적당하게 그러데이션을 줄 것입니다.

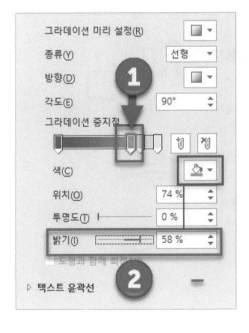
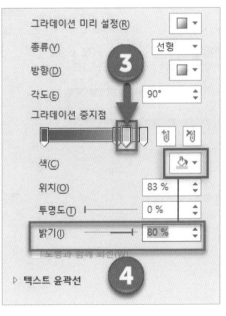

05 ❶**두 번째 중지점**을 선택해서 ❷**흰색**으로 변경합니다. 색상을 어떤 색으로 하느냐에 따라 그라데이션 효과가 차이가 나게 됩니다.

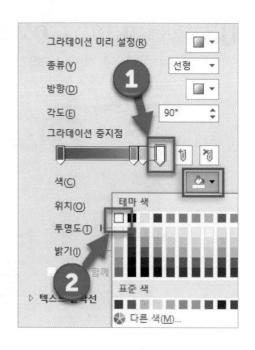

06 **두 번째 중지점**의 위치를 **50%**로 수정하고, **세 번째 중지점**의 색상을 **흰색**으로 변경해 줍니다.

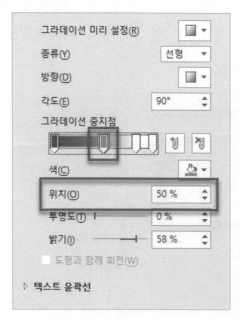
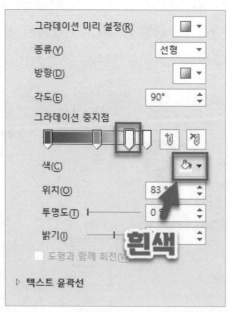

07 ❶텍스트 윤곽선을 펼친 후 ❷실선을 체크합
니다. ❸색은 검정색으로 ❹너비는 3pt로 변
경합니다.

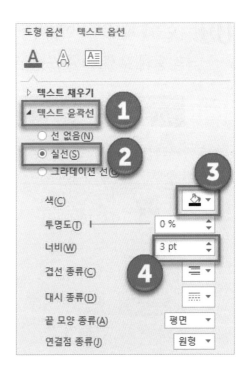

08 ❶[오늘] 개체가 선택된 상태에서 ❷홈 메뉴의 ❸서식 복사를 클릭합니다. ❹[은]
개체에 클릭하면 서식이 복사됩니다.

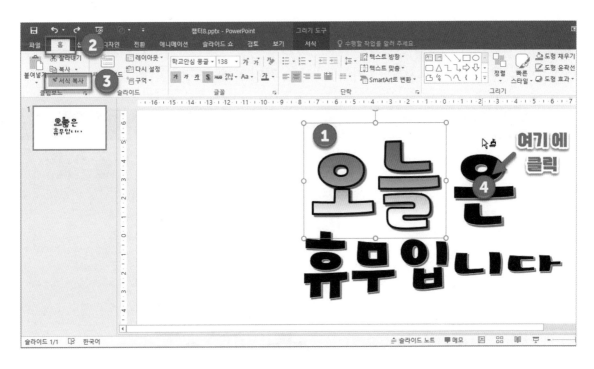

09 [오늘] 개체가 선택된 상태에서 다시 **서식 복사**를 해서 아래처럼 [휴무입니다]에 적용해 보세요. 워드아트의 크기와 모양도 바뀌는 것을 확인할 수 있습니다.

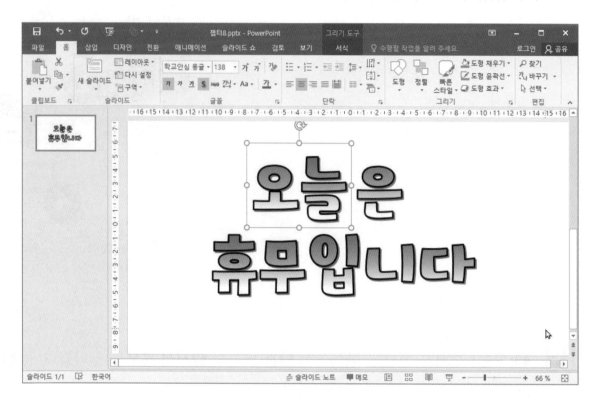

10 [휴무입니다] 개체를 선택한 후 **서식** 메뉴의 **텍스트 효과-변환**에서 **오른쪽 줄이기**로 다시 변경합니다. 크기와 위치도 적당하게 조정합니다.

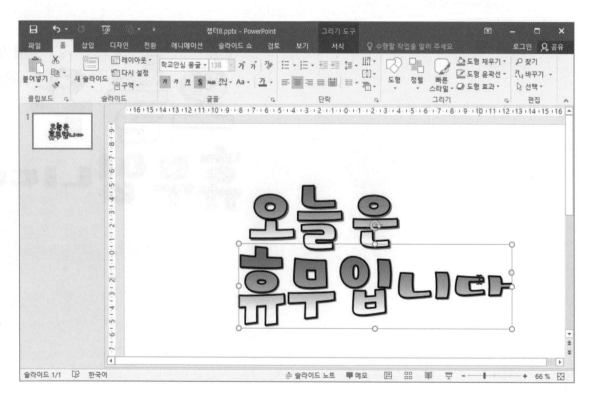

11 ❶[휴무입니다]의 크기 조절 후 도형 서식 창에서 ❷텍스트 옵션을 선택한 후 ❸ 텍스트 채우기에서 ❹첫 번째 중지점의 색상을 녹색으로 변경합니다. 계속해서 두 번째 중지점도 색상을 녹색으로 하고 밝기는 50%로 합니다.

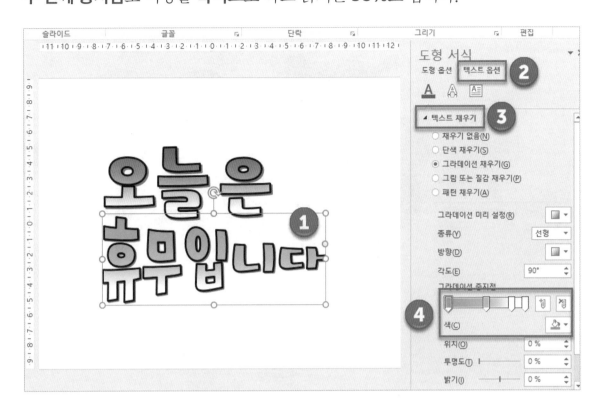

12 ❶삽입 메뉴에서 ❷도형을 클릭하고 ❸구름을 선택합니다.

13 워드아트 위에 **마우스를 드래그**해서 워드아트가 모두 가려지도록 구름을 그립니다.

14 도형 스타일의 **색 채우기를 검정**으로 변경합니다.

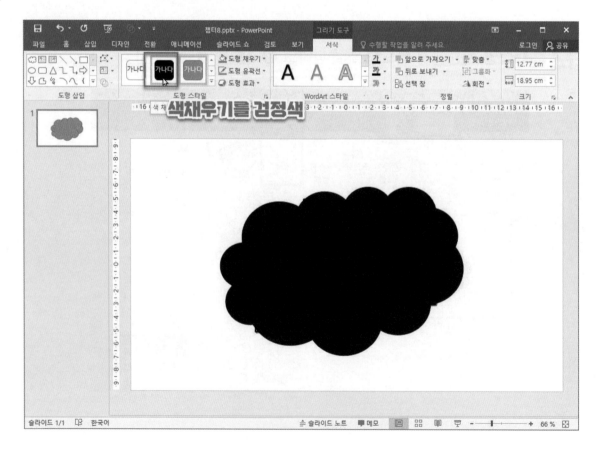

15 ❶뒤로 보내기의 드롭다운 버튼을 클릭해서 ❷맨 뒤로 보내기를 선택합니다.

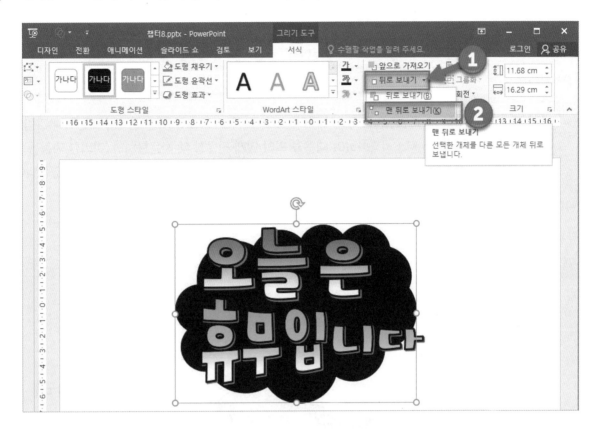

16 삽입▶도형▶별을 선택한 후 아래와 같이 장식을 하고 완성된 문서를 저장합니다.

※ 도형 복제(Ctrl+D) 후 서식을 변경하면 더욱 편리합니다.

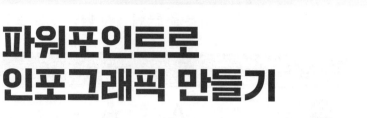

파워포인트로
인포그래픽 만들기

파워포인트에서 제공하는 스마트아트(SmartArt)는 글자를 도형이나 그림으로 좀더 시각화하여 내용을 의미 있게 전달할 때 사용합니다. 이러한 기능을 인포그래픽이라고도 하는데, 카드뉴스를 만들 때도 유용하게 활용할 수 있습니다.

🔍 결과화면 미리보기

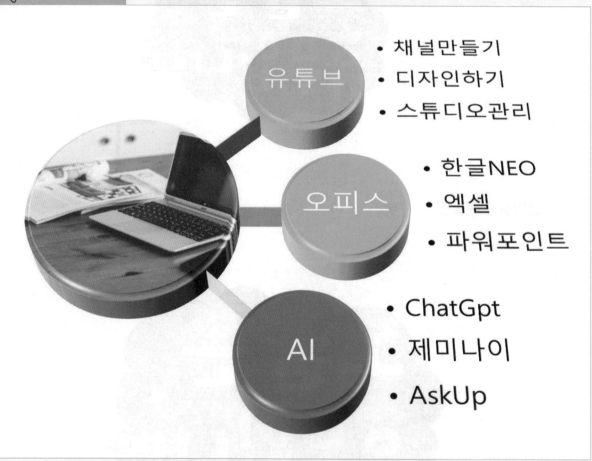

**무엇을
배울까?**

❶ 스마트아트 사용하기
❷ 3차원 입체 효과 꾸미기
❸ 텍스트(개요)에서 변환하기

01 파워포인트에서 새 프레젠테이션을 열고 레이아웃을 빈 화면으로 변경합니다.
❶**삽입** 메뉴를 클릭하고 리본메뉴에서 ❷**SmartArt**를 선택합니다.

02 SmartArt 그래픽 선택 대화상자에서 ❶**관계형**을 선택한 다음 ❷**방사형 목록형**을
클릭한 후 ❸**확인** 버튼을 클릭합니다. **오른쪽 미리보기 창에 이름이 나오고 형태
도 자세히 보입니다.**

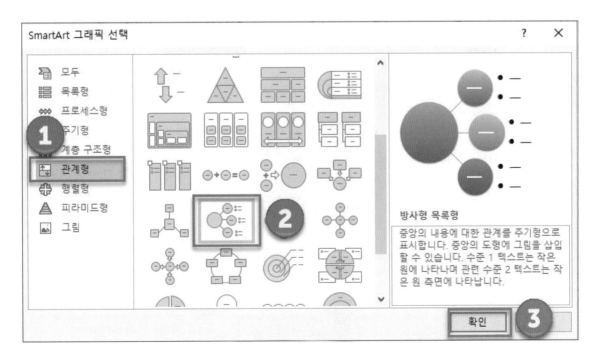

03 **"유튜브"**를 입력하고 다음 각 칸에 **"채널만들기"**와 **"디자인하기"**를 입력합니다. 칸을 이동할 때는 마우스를 클릭해서 사용해도 되지만 키보드 ↓, ↑를 이용하면 빠르게 작업할 수 있습니다.

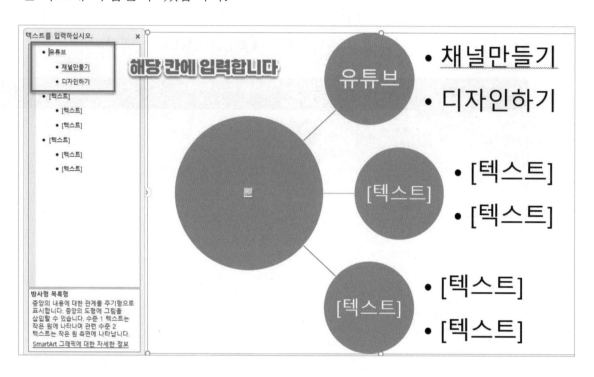

04 항목란이 모자라면 마지막 항목에서 Enter 를 눌러 추가하면 됩니다. 아래와 같은 내용으로 입력합니다.

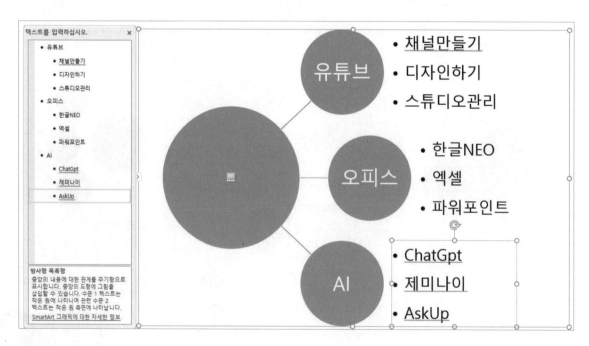

05 디자인 메뉴의 리본메뉴에서 ❶**색 변경**을 클릭한 후 ❷**색상형**에서 **4번째**를 선택합니다.

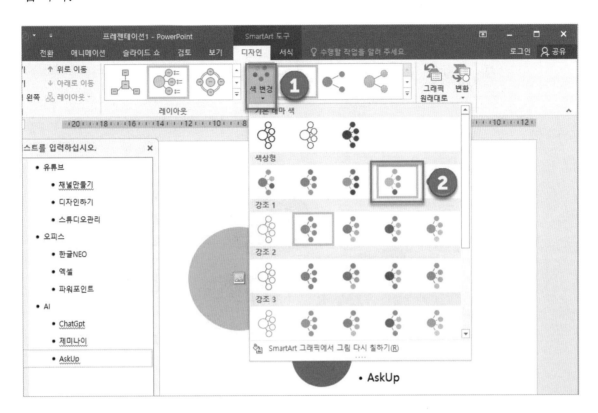

06 SmartArt 스타일의 **자세히** 버튼을 클릭합니다.

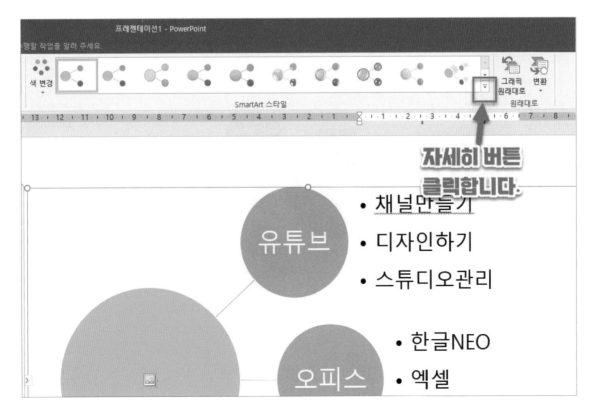

07 SmartArt스타일 갤러리에서 3차원의 6번째에 있는 **평면**을 선택합니다.

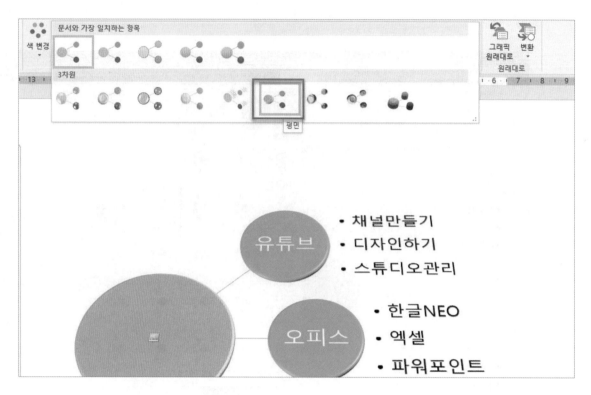

08 왼쪽의 **도형을 클릭**하면 이미지를 삽입할 수 있습니다. 여기에서는 인터넷에서 이미지를 찾아서 삽입해 보도록 하겠습니다.

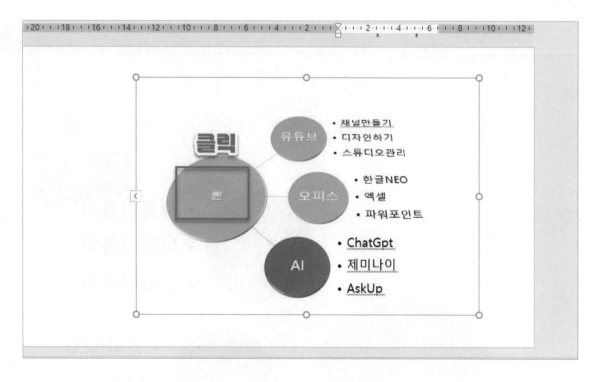

09 그림 삽입 대화상자가 나오면 아래처럼 Bing 이미지 검색란에 **"컴퓨터"를 입력**한 후 Enter 를 누릅니다.

10 원하는 컴퓨터 이미지에 마우스를 올려놓은 후 ❶체크한 후 ❷삽입 버튼을 클릭합니다.

01 SmartArt 개체를 선택하고 [서식] 메뉴에서 ❶**도형 효과**의 드롭다운을 클릭하고 ❷**3차원 회전**을 클릭합니다.

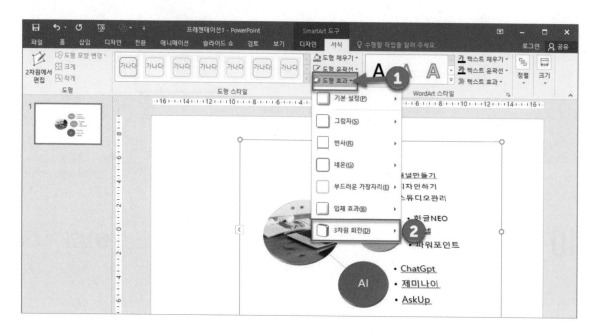

02 여러 가지 3차원 회전 효과를 선택할 수 있지만, 여기에서는 가장 아래에 있는 **3차원 회전 옵션**을 클릭합니다.

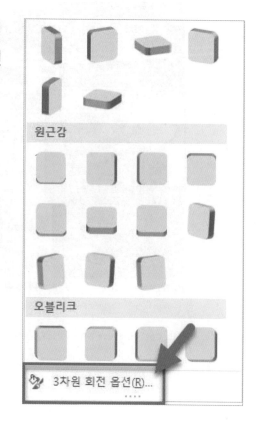

03 ❶**3차원 서식**을 펼친 후 ❷**깊이**를 "**30**"으로 변경해 보면 왼쪽의 도형들에 입체 효과가 적용됩니다.

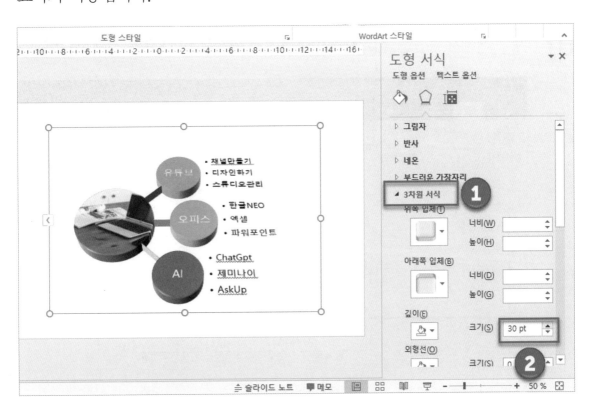

04 ❶**위쪽 입체**를 클릭해서 입체 효과를 ❷**7번째(볼록하게)**를 선택해 주세요. 완성 된 문서를 저장합니다.

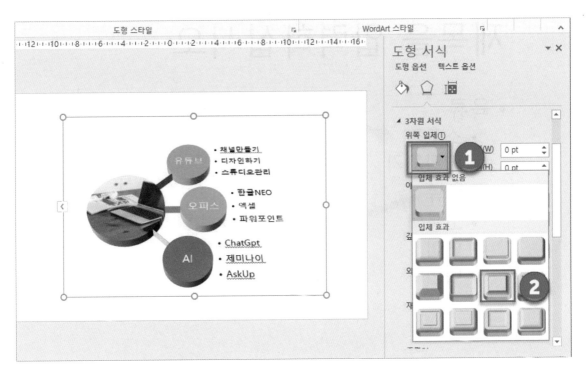

STEP 3 > 텍스트(개요)에서 변환하기

01 새 프레젠테이션을 열고 **❶**레이아웃에서 **❷**제목 및 내용을 선택합니다.

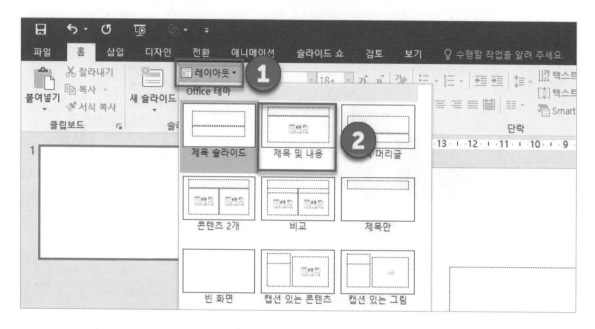

02 아래와 같이 입력하는데, 들여쓰기가 되는 곳은 Tab (탭)을 누른 후 입력하고 내어 쓰기는 Shift + Tab 을 누른 뒤 입력합니다.

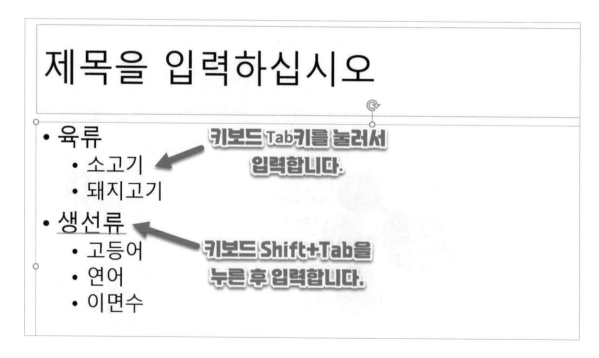

03 홈 메뉴의 단락 그룹에 있는 ❶SmartArt로 변환을 클릭하고 ❷기타 SmartArt 그래픽을 선택합니다.

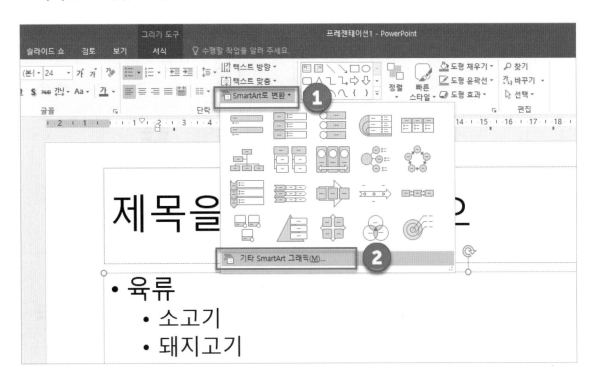

04 SmartArt 그래픽 선택 창에서 ❶관계형을 선택한 후 ❷밸런스형을 선택한 다음 ❸확인을 클릭합니다.

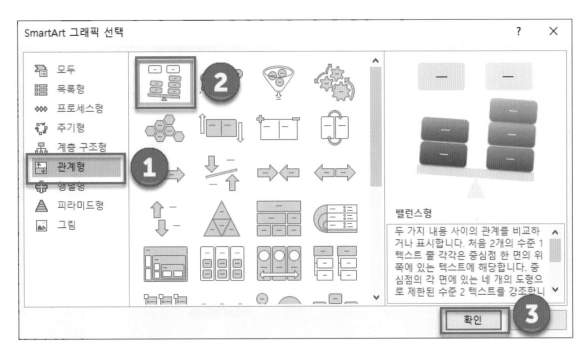

05 SmartArt 스타일 그룹에서 **❶색 변경**을 클릭한 후 **❷색상형-강조색**을 선택합니다.

06 SmartArt 스타일 그룹에서 **광택 처리**를 선택합니다. 이처럼 미리 입력해 놓은 텍스트를 이용해 스마트아트로 변환하고 디자인을 간편하게 변경할 수 있습니다.

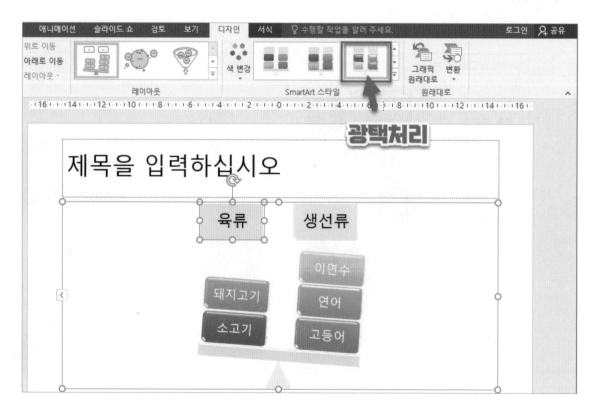

다양한 자료 이용하기

웹에서 검색한 표 형태의 자료를 복사/붙여넣기를 사용하지 않고 엑셀로 데이터를 가져오는 방법과 파워포인트로 멋진 3차원 워드아트를 만들어 파일로 저장한 다음 한글 워드프로세서에 사용할 수 있는 방법을 배웁니다.

 결과화면 미리보기

 무엇을 배울까?

❶ 웹 데이터 엑셀로 가져오기
❷ 피벗 테이블로 요약하기

❸ 3차원 입체 글자 만들기
❹ 계약서 도장 만들기

01 엣지 브라우저를 실행한 다음 [네이버] 사이트로 이동한 후 **증권**을 클릭합니다.

02 **❶국내증시▶외국인매매**를 차례대로 선택한 후, 주소에 **❷마우스 우클릭**해서 **❸ 복사**를 한 후 브라우저의 창을 닫아줍니다.

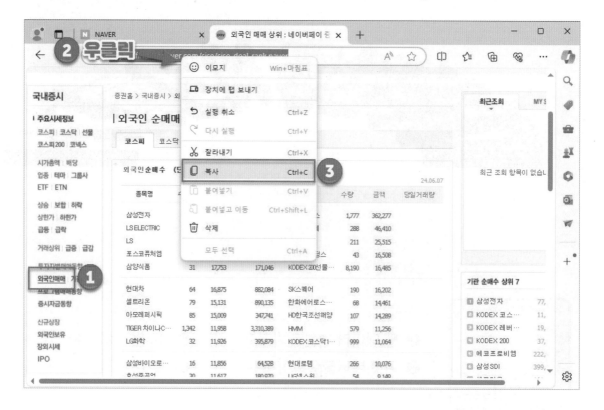

03 엑셀을 실행한 후 ❶데이터 메뉴에서 외부 데이터 가져오기 그룹에 있는 ❷웹을 클릭합니다. 스크립트 오류창이 나와도 ❸예를 클릭합니다(여러 번 나오지만 **계속해서 예를 클릭**합니다).

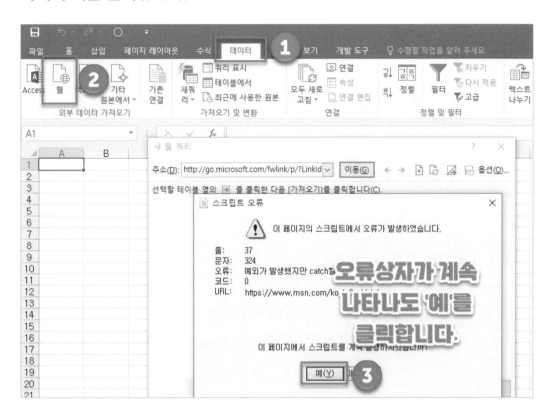

04 ❶주소를 지운 후 Ctrl+V를 눌러서 붙여넣기를 하고 ❷이동을 클릭합니다.

05 스크립트 오류 대화상자가 나와도 계속 **[예]** 버튼을 클릭합니다. 대강 **4-6회** 대화상자가 나오게 될 것입니다.

06 가져올 표 데이터에 **❶체크**를 한 후 **❷가져오기** 버튼을 클릭합니다. 이 때 클릭이 잘 안될 경우에는 오른쪽 상단의 옵션 버튼을 눌렀다가 받아보면 체크가 될 것입니다.

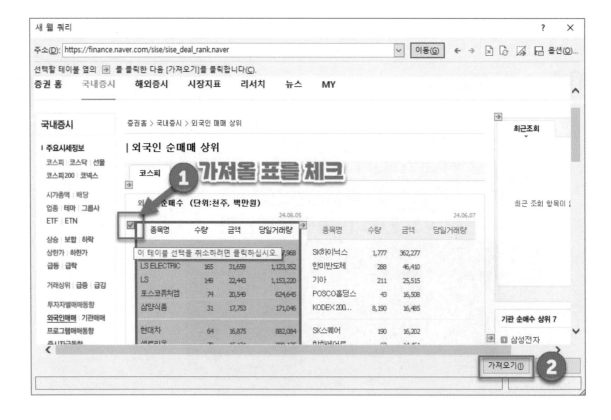

07 데이터 가져오기 대화상자가 나오면 **확인** 버튼을 클릭합니다.

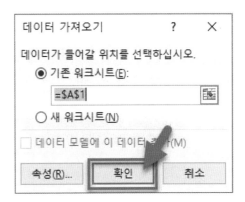

08 ❶이름 상자를 클릭하면 정의된 이름이 보이는데 ❷이름을 클릭하면 지정된 범위가 화면에 설정됩니다.

09 데이터 메뉴의 **모두 새로 고침**을 클릭하면 가져온 웹 사이트의 값이 변동이 있을 경우 가져온 데이터에도 즉시 적용이 되어 변경됩니다. 단순하게 웹 데이터를 복사/붙이기 한 것은 값이 변경되지 않습니다.

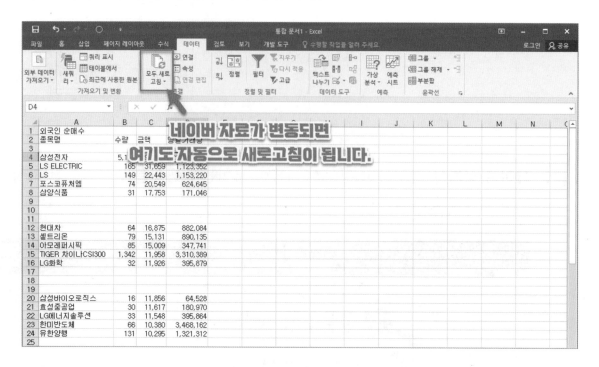

10 테스트를 위해 범위가 지정된 상태에서 Delete 키를 눌러서 삭제를 진행합니다. 나오는 대화상자에서 **아니오** 버튼을 클릭합니다.

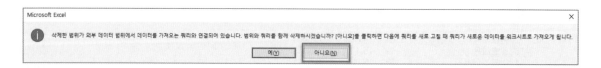

11 **모두 새로 고침**을 클릭하는 순간 데이터를 다시 가져오기 합니다.

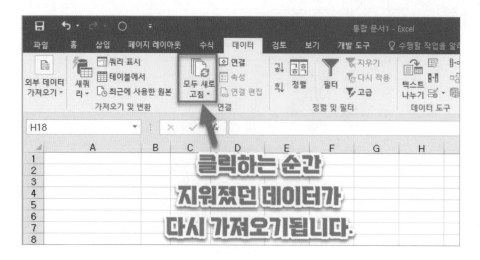

01 파일 탐색기에서 **교재예제** 폴더의 **직원명단.xlsx** 파일을 더블클릭합니다.

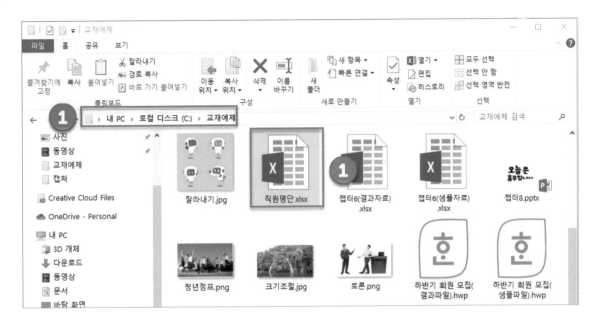

02 ❶**삽입** 메뉴를 클릭한 후 리본메뉴의 표 그룹에서 ❷**피벗 테이블**을 클릭한 다음 피벗 테이블 만들기 대화상자에서 ❸**확인**을 클릭합니다.

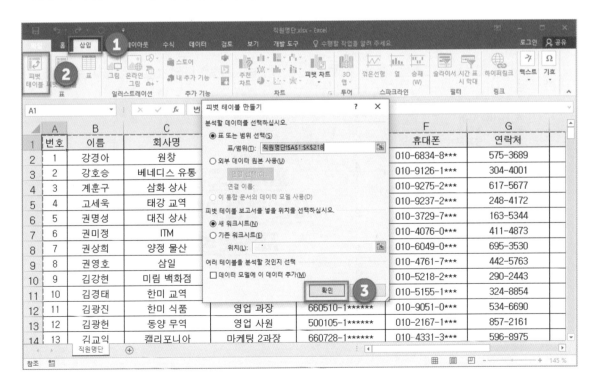

03 오른쪽 피벗 테이블 필드 창에서 **회사명과 행정구를 클릭해서 체크**하면 행 영역으로 들어갑니다. **이름은 값 영역으로 드래그**합니다.

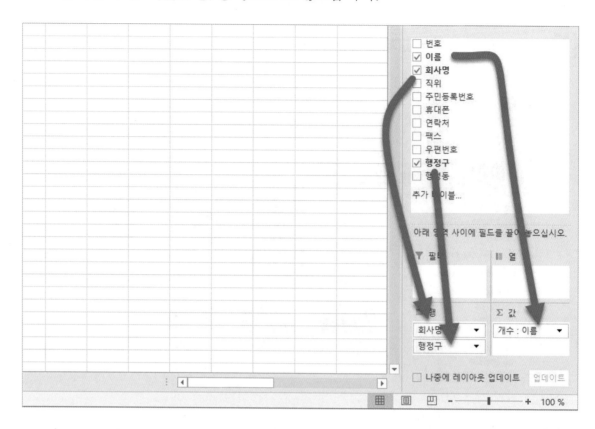

04 아래와 같은 결과의 피벗 테이블에 회사명을 기준으로 행정구 인원수가 요약되었습니다.

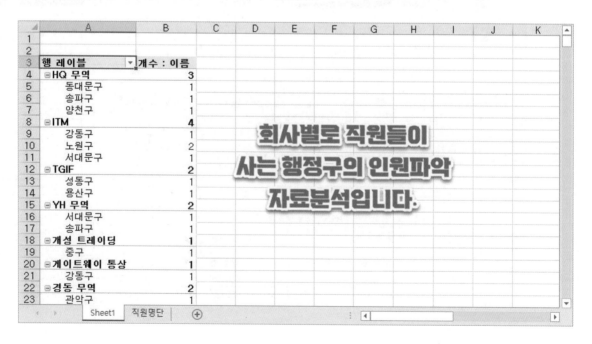

05 217명의 직원명단에서 행정구별로 몇 명씩 살고 있는지 분석해 봤습니다. **행 영역과 값 영역 모두 행정구**를 넣어줍니다.

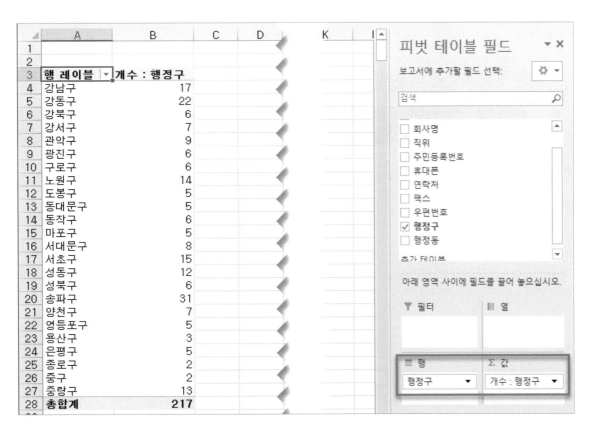

06 삽입 메뉴의 리본메뉴에서 **피벗 차트**를 클릭해서 **세로 막대형**으로 아래와 같이 만들어 보세요.

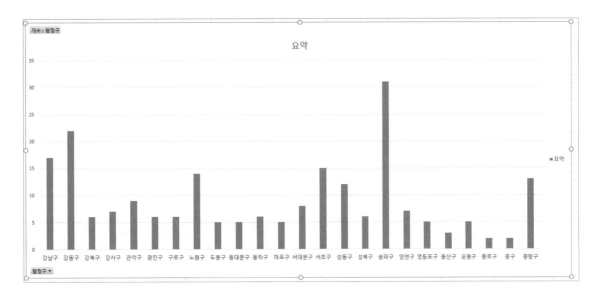

01 파워포인트를 실행한 후 **레이아웃**은 **빈 화면**으로 변경하고, **❶워드아트**를 **❷첫 번째** 유형으로 삽입하여 **❸"다양한문서만들기"**를 입력합니다.

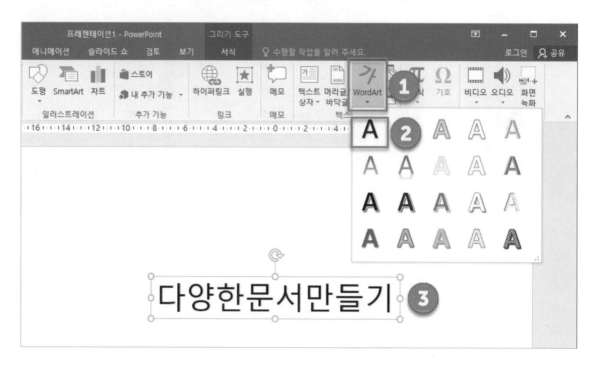

02 **❶홈** 메뉴에서 글꼴을 **❷휴먼둥근헤드라인, 96pt**로 변경합니다.

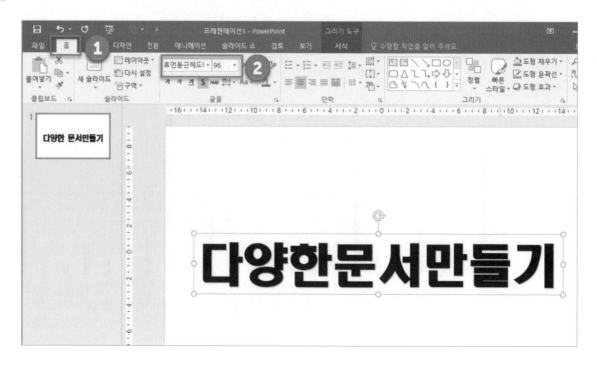

03 워드아트의 텍스트를 블록 지정한 다음 아래와 같은 색상으로 **글자색을 변경**합니다.

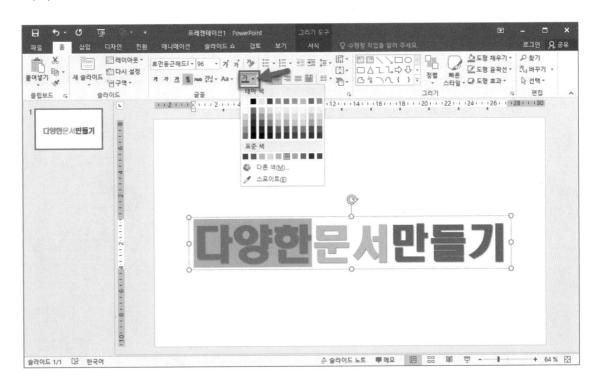

04 ❶**서식** 메뉴에서 ❷**텍스트 효과**를 클릭한 후 ❸**입체 효과**를 눌러서 ❹**딱딱한 가장자리**를 선택합니다. 워드아트를 위쪽으로 이동시킵니다.

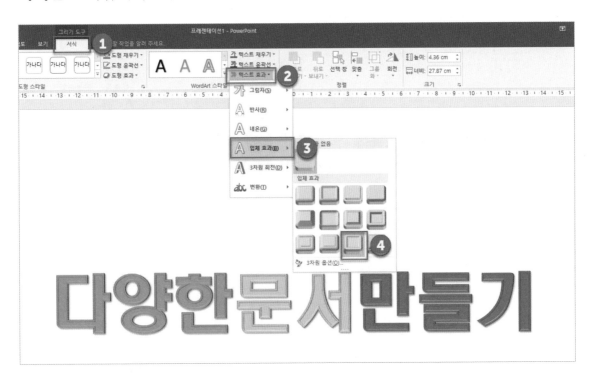

05 워드아트 테두리에 **①마우스 우클릭**한 후 **②도형 서식**을 선택한 다음 오른쪽 도형 서식 창에서 **③텍스트 옵션**을 선택합니다. **④텍스트 효과**를 누르고 **⑤3차원 서식**을 펼친 후 **⑥깊이의 크기**를 50pt로 변경합니다.

06 **①3차원 회전**을 펼친 후에 **②Y 회전**을 **340도**로 변경합니다. X회전, Z회전을 눌러서 회전 방향을 테스트해 보세요.

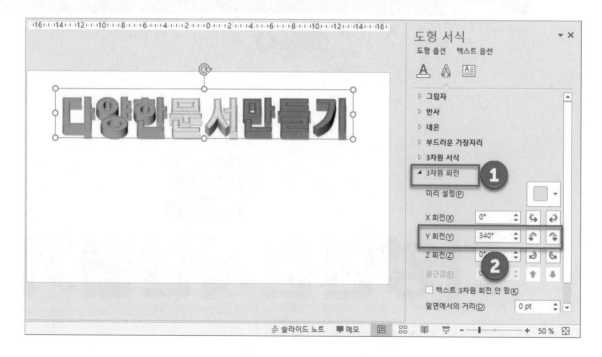

07 ❶**텍스트 효과**를 클릭해서 ❷**변환**에서 ❸**위쪽 줄이기**를 클릭하면 아래와 같은 워드아트를 만들어줄 수 있습니다. 변환을 **아래쪽 줄이기로 변경**해 주세요.

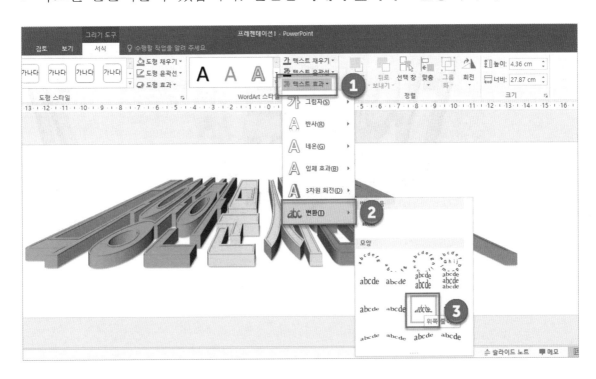

08 ❶**3차원 서식**에서 깊이 색을 ❷**검정**으로 한 후 ❸**조절점**을 드래그면 아래와 같은 결과물을 만들 수 있습니다. 흰색 조절점은 크기 변경, 노란색 조절점은 모양 변경을 수행합니다.

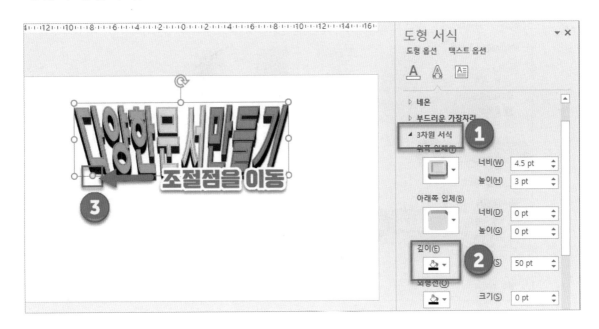

09 워드아트 테두리에 **❶마우스 우클릭**을 한 후 **❷그림으로 저장**을 클릭합니다.

10 저장할 장소는 **❶사진** 라이브러리를 선택하고 저장할 파일명은 **❷"다양한 문서 만들기"**로 **❸저장** 버튼을 클릭합니다. 이젠 한글 앱에서도 파워포인트에서 작성한 멋진 글제목을 가져다 사용할 수 있습니다.

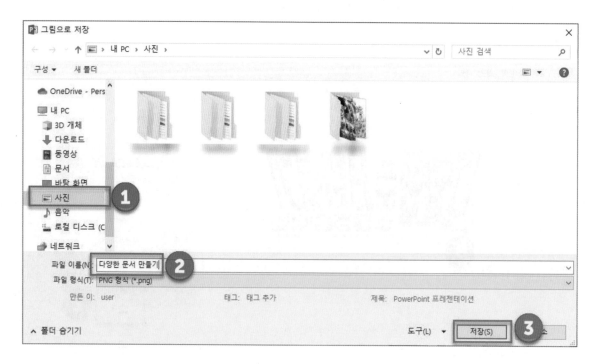

STEP 4 > 계약서 도장 만들기

01 ❶**로컬 디스크(C:)▶교재예제** 폴더에서 **[부동산임대차계약서]** 파일을 더블클릭으로 열어줍니다. 한글 앱이 실행되며 계약서가 표시됩니다.

02 웹 브라우저에서 **구글 사이트**로 이동한 후 ❶**"도장"을 검색**하여 아래와 같이 ❷**이미지**에서 ❸**도장 이미지**를 클릭합니다.

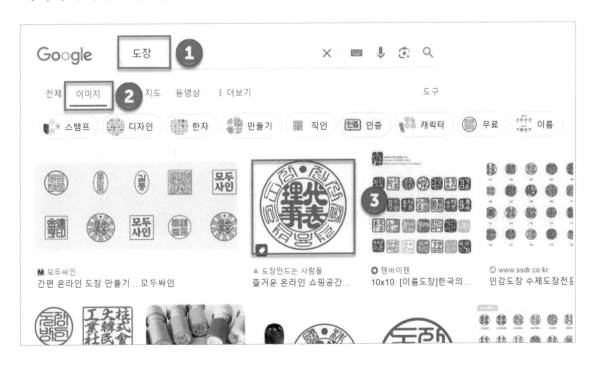

03 우측에 크게 나온 도장 이미지에 **❶마우스 우클릭**한 후 **❷이미지 복사**를 클릭합니다.

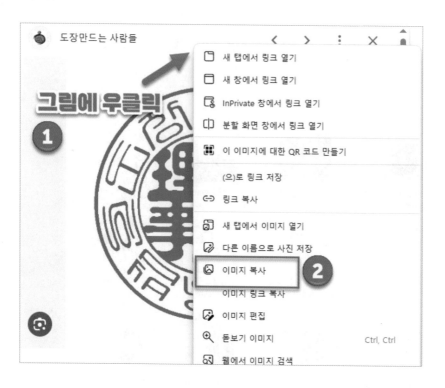

04 주소 표시줄에 **"remove.bg"**를 입력한 후 Enter 를 눌러 배경 제거 사이트로 이동합니다.

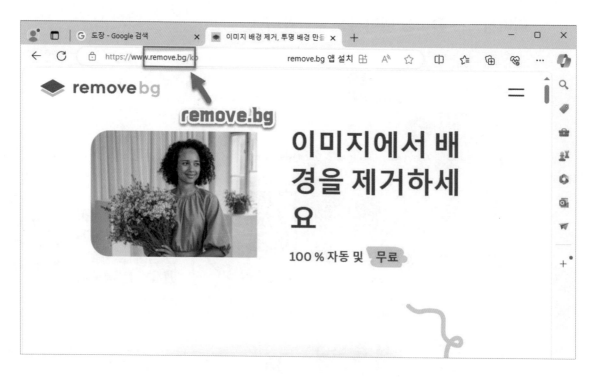

05 Ctrl+V를 눌러서 복사한 이미지를 붙여넣기하면 자동으로 배경이 제거된 화면을 얻을 수 있습니다. **Download(다운로드)를 클릭**해서 컴퓨터로 가져옵니다. 기본적으로 다운로드 폴더에 저장됩니다.

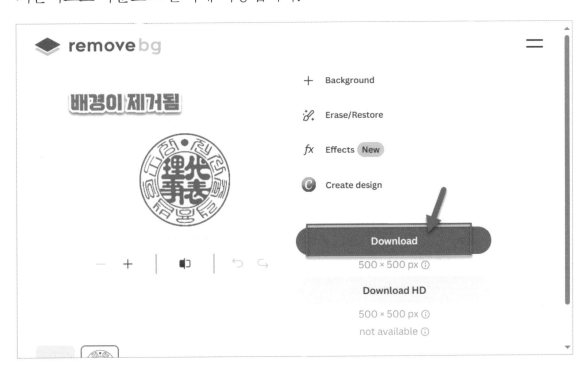

06 작업표시줄에 내려놓은 **부동산임대차계약서** 창을 표시합니다. 아래와 같이 도장을 찍을 장소가 보이도록 한 후 ❶**입력** 메뉴를 클릭해서 리본메뉴 ❷**그림**을 클릭합니다.

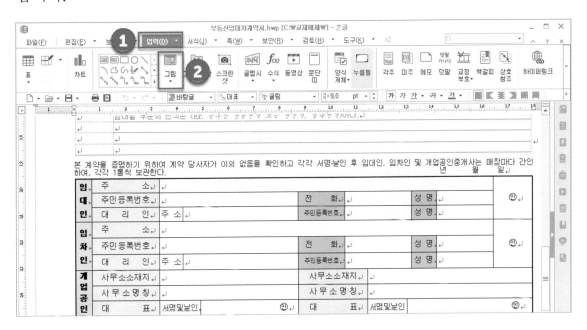

07 ❶**찾는 위치** 드롭다운 버튼을 클릭한 후 ❷**다운로드**를 클릭합니다.

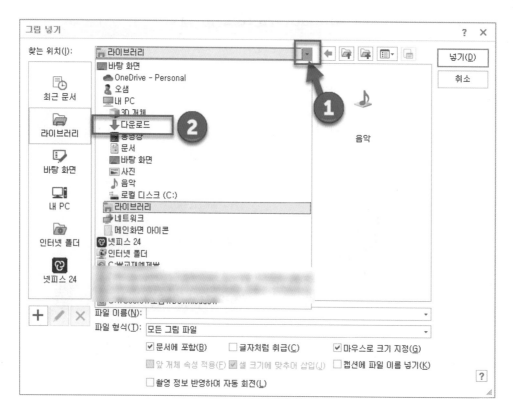

08 ❶**도장 이미지**를 선택한 후 반드시 ❷**마우스로 크기 지정**을 체크한 다음 ❸**넣기**
버튼을 클릭합니다.

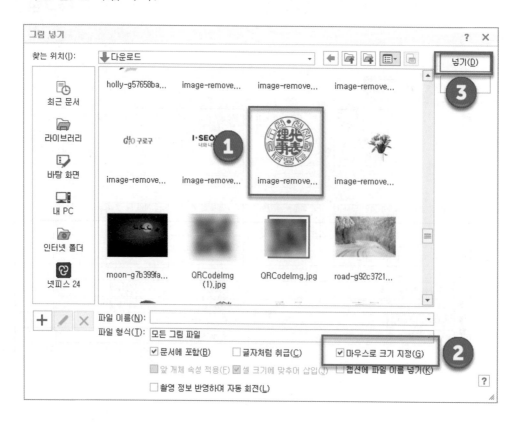

09 도장을 찍을 위치 ㉑ **위에 드래그**로 그려줍니다. 그러나 표 밖으로 도장이 빠져나가서 위치하게 됩니다.

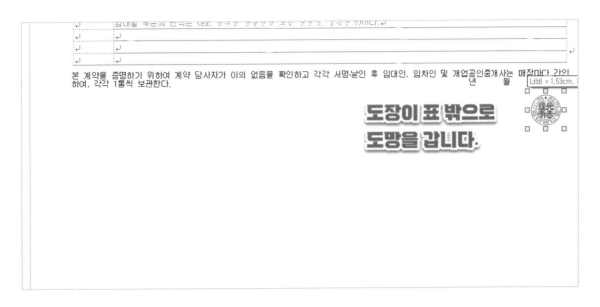

10 리본메뉴에서 ❶**배치**를 클릭한 후 ❷**글 앞으로**를 누르면 도장 이미지가 ㉑ 위에 자리하게 됩니다.

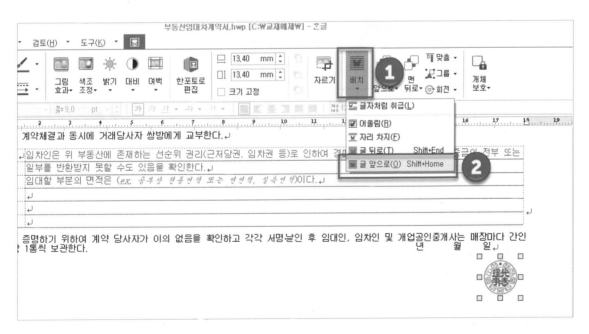

11 마우스를 드래그했던 위치에 도장 이미지가 표시된 것을 확인할 수 있습니다.

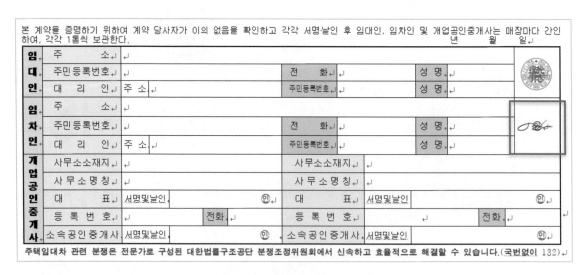

12 동일한 방법으로 웹 브라우저의 구글사이트에서 **"싸인"을 검색**해서 배경을 투명하게 한 후, 계약서 위에 그려서 작업해 보세요.

※ 자신의 도장을 찍은 종이를 스캔하거나 촬영한 이미지 파일이 있다면 해당 파일을 이용해 투명 배경으로 만들어 사용하면 됩니다.

● MEMO

● MEMO

● MEMO